Συλλογή

1972 - 2016

Συλλογή

1972 – 2016

Γιώργος Βασιλακόπουλος

ΜΕΛΒΟΥΡΝΗ 2019

Published by urtext

© George Vassilacopoulos, 2019

This book is copyright. Aside from fair dealing for the purposes of study, research, criticism, review or as otherwise permitted under the Copyright Act 1968, no part may be reproduced by any process without written permission from the author.

National Library of Australia
Cataloguing – in – Publication entry:
Vassilacopoulos, George, author.
Collected Works

Cover image: George Michelakakis, from the series "Curtains" (acrylic paint, cotton thread, paper, perspex, 150X133X5 cm). Courtesy of the artist.

Cover design and typesetting: Frixos Ioannides

ISBN: 978-0-6487282-0-7

Acknowledgements

Many thanks to: Varvara Marietou for editing the poems; Frixos Ioannides for the design and layout; George Michelakakis for the cover art work; Kosta for the photograph, and Toula for the front cover concept.

της τούλας

ΠΕΡΙΕΧΟΜΕΝΑ

Ποιήματα (1972-1976) 11

Χρονικό (1985-1987) 31

Τα Ομοιώματα (1986-1987) 45

Η Μνήμη του Επισκέπτη (1988-1990, 1995-1996) 67

Το Ποίημα Κοιτά την Πλάτη του (1992) 99

Σε Αναγγέλλω στη Φωνή μου (2002) 113

Kesariani (2005) 131

ς (2005) 135

Οι Κοιλάδες των Λέξεων (2006) 151

Η Ανάληψη των Λαβάρων (2013) 167

Τα Χ(ε)ίλια Ερωτικά (2015) 185

Το Μερίδιο των Νεκρών (2016) 363

Ποιήματα

Ο ΦΤΑΙΧΤΗΣ
Στον Βίλχεμ Ράϊχ

Εσύ μονάχα φταίς
γιά τη Σκλαβιά σου
άνθρωπε μικρέ.
Σήκω ψηλά
και σπάσε τα δεσμά σου
γιά να λευτερωθείς.
Παράτα τους πολιτικούς σου
και τους δεσποτάδες
και γίνε ερευνητής
Της φύσης και του εαυτού σου.

ΧΩΡΙΣ ΕΛΠΙΔΑ

Οι άλλοι έλπιζαν σ' ένα θαύμα.
Εμάς μας κούρασε ο θρίαμβος.
«Αλλοίμονο κι ο θρίαμβος κουράζει».
Τότε καταλάβαμε ότι χάσαμε.
Είμασταν κύριοι των πάντων
χωρίς όμως ελπίδα για κάτι καινούργιο.

ΣΤΗΝ ΤΟΥΛΑ

Μα πώς κάνεις έτσι;
Δε σου ζήτησα και τίποτα σπουδαίο.
Μόνο λίγη αγάπη.
Νοιώθω τόσο άδειος.
Με τρομάζει η απεραντωσύνη του κόσμου.
Τα μάτια σου μου δίνουν κουράγιο.
Κι η φωνή σου.
Και η όλη σου ύπαρξη
νέα φτερά στα όνειρά μου.

ΑΤΕΛΕΙΩΤΟΣ ΔΡΟΜΟΣ

Έλα τώρα πάψε.
Ρίξε το βλέμμα γύρω σου.
Όλα δικά μου και δικά σου.
Είναι μεγάλη η καρδιά μας.
Πιό μεγάλη κι' απ' τον θάνατο.
Σήκω τα χέρια σου ψηλά.
Άγγιξε τ' άστρα.
Πές μια προσευχή.
Νιώσε χαρούμενη γιά το αύριο πούρχεται.
Ο δρόμος που διαλέξαμε δεν έχει τέλος.

ΑΙΧΜΑΛΩΤΟΙ

Μείναμε εδώ στα ξεροτόπια
σαν καράβια σάπια
σε παλιά λιμάνια.
Σαν πουλιά κλεισμένα
σε κλουβιά αόρατα.
Και καταριόμαστε την μοίρα μας
ανήμποροι μπροστά στο πεπρωμένο
με τα χέρια δεμένα
από χειροπέδες θανάτου.

ΕΠΙΔΟΚΙΜΑΣΙΑ

Τρύγησαν τον έρωτα,
κρυμμένοι στο παλιό μετόχι
με τη συνοδεία μιάς μικρής σονάτας,
βγαλμένη απ' το λαρύγγι κάποιου βατράχου.

Αχτίδα φεγγαριού χλωμή
μπήκε από κάποια χαραμάδα
ενός μισοσπασμένου παραθύρου
και τους εχάρισε δυό φωτοστέφανα.

ΠΕΝΘΙΜΗ ΕΙΚΟΝΑ

Σουρούπωσε!
Τα καράβια
με χοντρές αλυσίδες
δεμένα στο μώλο,
δε λένε να φύγουν.
Ένας γλάρος,
τελευταίο σημάδι ζωής
χάθηκε στον ορίζοντα.
Τα κύματα καληνυχτίζουν
τα δίχτυα, τα ριγμένα στην ξηρά.
Σε λίγο θα φανεί, το πρώτο αστέρι.
Το κρύο φως του, θα' ρθεί
να συμπληρώσει ωραία την πένθιμη εικόνα.

ΠΑΡΑΚΛΗΣΗ

Μη πατάτε τα λουλούδια
είναι τόσο όμορφα!
Θα λυπηθούν οι μέλισσες,
θα χάσουνε τον ίσκιο τα μυρμήγκια
κι οι πεταλούδες – μικρές αν άλαφρες ψυχές,
δεν θά' χουν που να γείρουν.

Μη πατάτε, τα λουλούδια.
Είναι πηγή ελπίδας.
Αλλοίμονο σε μας όταν αυτά χαθούν.

ΑΝΟΙΞΗ

Της φύσης η θεία η μουσική
υμνεί την ομορφιά της.
Οι φτερωτοί οι σύντροφοι
υμνούνε την ειρήνη.
Μ' απλοχεριά σκορπίστηκε
τριγύρω η αρμονία.
Των λουλουδιών οι ευωδιές
μήνυμα αγνό αγάπης.

ΙΔΑΝΙΚΟ

Ω συμφορά!
Ο αγέρας πήρε
το στάρι μου
απ' τ' αλώνια.
Μα δεν περάζει,
έχει ο γείτονας
καλή σοδιά εφέτος.

ΑΣΒΗΣΤΟΣ ΠΟΘΟΣ

Όταν θα πάψουν οι φωτιές, οι λιγοστές να καίνε,
η ζεστασιά η απαλή, η μάνα της ελπίδας
όταν θα πάψει νά' ρχεται, αντάμα με τ' αγέρι
συντρόφι του καλοκαιριού.
Όταν θα πάψει της βροχής, παντοτινό τραγούδι
να συντροφεύει το χλωμό κι' αγέλαστο χειμώνα,
τότε θα πάψεις και εσύ
αιώνια προδομένε
να καρτεράς την άπιαστη
της λύτρωσης αυγή.

ΜΕΡΕΣ ΣΙΩΠΗΣ

Θε νά' ρθει πάλι η ξαστεριά
τα δένδρα θε ν' ανθίσουν
και τα πουλιά να κελαηδούν
της λευτεριάς τραγούδια.
Τότε οι νεκροί θ' αναστηθούν
και το χορό θα στήσουν.

Τότε και συ μανούλα μου
τα μαύρα να τα βγάλεις.
Στην πικραμένη σου καρδιά
άσε ν' ανθίσουν ρόδα
κι' άρχισε πάλι όπως παλιά
τον κήπο να σκαλίζεις.

Η ΧΡΥΣΗ ΓΕΝΙΑ

Είμαστε η χρυσή γενιά!
Η γενιά που θα φέρει την ισότητα.
Οι αγγελιαφόροι της ειρήνης.
Είμαστε οι ιδεολόγοι
που ξέρουμε να πολεμάμε
για τα ιδανικά μας.

ΣΕΡΓΙΑΝΙ

Σεργιανάω του ήλιου τα σοκάκια
κάτω απ' τη χλόη την πράσινη,
μαζί με τα μαμούνια και τις σαύρες.
Θαυμάζω τ'αλόγατα που τρέχουν αέρινα στους κάμπους
και διαβάζω το μήνυμα της προϊστορικής χαίτης τους.
Οι μυρωδιές απ' τ' αγριολούλουδα μαζεύουν
τα ξωτικά στη μέση τ' αμπελιού.
Στήνουν χορούς τρελούς φορτωμένα με
κουδούνια, και λένε πράματα απόκοσμα.
   «Νεροκουβαλητή της καλαμιάς,
   Φεγγίτη τ' ουρανού τρισένδοξε
   Ποιό είναι τ' ονομά σου;
   Τραγουδιστή του κάμπου αιώνιε
   πες το τραγούδι σου εκείνο
   που μεθάει το σύννεφο.»
Η κορφή της ακακίας πατάει στη γη.
Ο γκιώνης μετανοιωμένος σκούζει.
«Άστε το βλέμα να τρυπάει την καρδιά
Ασ' τα παιδιά να παίζουνε πεντόβολα.»

ΣΤΕΝΑ ΣΥΝΟΡΑ

Μια σειρά από κατσαρόλια δεμένα σ' ένα
σπάγκο
να τραβάνε οι προλετάριοι πηγαίνοντας μπροστά
και πίσω τους γαβγίζουνε οι σκύλοι.
Σακατεμένα πρόσωπα.
Μάτια γεμάτα έγνοια.
Άσε τη σκέψη λεύτερη.
Έχε εμπιστοσύνη στην κίνηση.
Χαμογέλα στ' αύριο που έρχεται.
Σπάσε την σιωπή με μια γροθιά.
Δεν μας χωράει ο κόσμος Τούτος.

ΑΛΛΑΓΗ

Κόκκινες κορδέλες φορέστε,
αφήστε λυτά τα μαλλιά σας
και τρέξτε στους κάμπους.
Νάτος ο βασιλιάς, ξετρύπωσε,
μπαρουτοκαπνισμένος, κίτρινος.
Τα γένια του καψαλισμένα.
Τα χανουμάκια δίπλα του
στήνουν τρελούς χορούς.
Αργαίβουνε το βήμα τους τ' αγρίμια.
Μιά περδικούλα λάλησε.
«Σκάφτε τη γη Αντρειωμένοι μου.
Σκάφτε την με τα σπασμένα αξινάρια.
Πιέτε τ' αθάνατο νερό.
Κάντε τα χέρια γέφυρες.
Πιάστε το χείμαρρο απ' τη χαίτη.
Βαθιές σπηλιές τα στόματα.
Χοντρά σκοινιά οι τρίχες.»

ΧΩΡΙΣ ΤΙΤΛΟ

Μικρή καλόγρια ντυμένη στ' άσπρα.
Παράθυρα με κόκκινες κουρτίνες.
Ένα κεράκι καίει ψέλνοντας.

Μάτια του κόσμου θολωμένα.
Ακράτητοι λυγμοί απελπισιάς.
Στερνή μας προσευχή προς το ανύπαρκτο.

ΣΤΟΝ ΑΓΝΩΣΤΟ ΣΤΡΑΤΙΩΤΗ

Στρατιώτη,
έχασες τα ίχνη του αύριο
προσπαθώντας να στυλιώσεις
τα ερείπια ενός σάπιου σήμερα.
Γεννήθηκες μες το απότιστο αυλάκι
ενός μισοργωμένου χωραφιού.
Πλατύ χαμόγελο το ξεκούμπωτο πουκάμισο
υμνούσε τη νιότη και την πίστη
για τον κόσμο που έρχεται.

Τα λόγια σου, καρβέλια σπιτικά, ολόζεστα,
χόρταιναν τα πεινασμένα όνειρα
μες τη μέση μιας ατέλειωτης στράτας.
Ήταν σκεπτικός ο ουρανός, ακριβέ φίλε
όταν άρχισες να μπαλώνεις την
ξηλωμένη κάλτσα του κόσμου.
Το σπασμένο χέρι τ' αργάτη που
κατέβηκε στην απεργία, το μαραμένο
βυζί της μάνας, τα στερεμένα μάτια
μιας γενιάς ολάκερης που διψούσε για δίκιο
ήταν για σένα το πρώτο βιβλίο.

Σκάλισες τους κοιμισμένους πόθους μας
μ' ένα τσαπί φτιαγμένο από ιδέες.
Ζέστανες τις παγωμένες ελπίδες μας
με λέξεις γεμάτες μούστο.
«Αρκεί να το θελήσουμε όλοι, αρκεί να το
πιστέψουμε όλοι» είπες.

«Μπορεί να στρογγυλέψουμε τη γη μας
μέσα στο στριφογύρισμα ενός χορού,
σπάζοντας κοτρώνια με τις χούφτες».
Ήσουν ο πρωτοπόρος, ο ζευγολάτης,
αυτός που όργωνε την ιδέα και
έσπερνε τους μουχλιασμένους σπόρους
μιας άλλης εποχής πιστεύοντας
στη ψίχα που έκρυβαν μέσα τους.

Δικαιώθηκες στρατιώτη.
Μυριάδες τρυγητές μες το πύρινο αλώνι
του ήλιου, με το χαμόγελο στα χείλη,
με το τραγούδι στην καρδιά και στο στόμα,
τρυγάνε το μήνυμα πατώντας γερά
πάνω στα δικά σου αχνάρια.
Δεν θ' αργήσει ν' ακουστεί να σαι σίγουρος
το «Νενικήκαμεν» απ' το δρομέα.

Χρονικό

Τυλίγομαι σε χτεσινά σεντόνια
τυλίγομαι σε χτεσινούς έρωτες

μεσημέρι με ζέστη
κι' η πόλη εύθραυστο γυαλί

εσύ ποτίζεις τη λάβα που εκκολάπτεται στο στήθος μου
με μελωδίες και φώτα κρατώντας το κεφάλι σου όπως οι
αρχαίοι κρατούσαν το κράνος τους

το δωμάτιο κουδούνι
το κορμί γλωσσάρι

(κι ο κηπουρός του μέλοντος
δίχως το αξινάρι)

αφουγκράζουμαι   τις νύχτες
που μηρυκάζεις

τα μυαλά σου
ψάχνοντας

Με τον καιρό άρχισαν να με χωρίζουν
ποτάμια απ' τους φίλους

απ' το σώμα μου κατρακυλά το δέρμα

Στην άλλη όψη της ημέρας
τα αιμοφόρα αγγεία σου
είναι βομβίτσες
σκοτώνουν – και – σκοτώνονται

Έξω βρίζει ο άνεμος
στις στέγες πάνω   χοροπηδάει

η πό.... που κρυώνει
η ....λη που ζεσταίνεται

στο άλλο δωμάτιο εσύ
με τα πλοκάμια σου

παντού
          η μνήμη   καλπάζει
απ' το αύριο

σα μουσική
          σαν έρωτας

Φόβοι   γενικοί κι
αόριστοι

βρέχει
μια ζέστη ανυπόφορη

βγαίνω με ομπρέλα
         με μάτι θολωμένο από μελλοντικά στριπτήζ

κρατώ σφιχτά στη χούφτα μου
χαλίκια μυτερά
και φθόγγους

βουβάθηκα σου λέω

μέσα σ' αυτή τη ζέστη
ζεστή κι η ανάσα μου

κι ο κόσμος θέλει κάτι δροσερό

προς το παρόν υπάρχει μόνο
κόκα-κόλα

      «με κόκα-κόλα
      τα ξεχνάτε όλα»

υπάρχεις βέβαια και συ – δε λέω

(είσαι μια βρύση εσύ
που κατεβάζει το κρύο νερό απ' τα ψηλά βουνά)

ζούμε όμως σε ηφαιστειογενή περιοχή
με μπόλικους κρατήρες
και δέντρα φυτεμένα ανάποδα

Εραστές
παλαιστές

Νίβομαι
με την γκρίζα μου φωνή

τώρα που φουντώνει η σιωπή
κι η τρέλα χασμουριέται

με καταδύσεις
βυθομετρώ την πόλη

είμαι ένα ψάρι πλουμιστό
ένα πειραματόζωο

πετσί και κόκκαλο οι προοπτικές

καπνός τα προγνωστικά

στάχτη οι χάρτες

κρυμμένος πίσω απ' τις κόρες
αφουγκράζομαι
τα επίθετα να μεγαλώνουν
δίχως συγκριτικούς και υπερθετικούς

χαμογελώ

βραστό αυγό
η νύχτα
στη μασχάλη μου

Γέμισαν
χαλίκια τα μάτια μου
φυτεύοντας τα ίδια ρήματα

νέες ταξινομήσεις
στο ύψος μου
στο πλάτος μου
στο μήκος μου

νέες σιωπές

σιωπή   σιωπή   σιωπή

λοιπόν
η ζωή
κοιτάει προς τα μέσα

Ζούμε τις μέρες των μεγάλων παγετώνων. Η σήψη των πτωμάτων έχει εξουδετερωθεί όπως στις έγχρωμες φωτογραφίες KODAK. Οι σεισμογράφοι είναι περιττοί. Εκεί που η θάλασσα σχηματίζει κόλπους σιντριβάνια από ηλεκτρόνια σκαλίζουν αρχαία ελληνικά κορμιά. Η εποχή χαρακτηρίζεται απ' τα συλλογικά όνειρα στη θέση πρωτόγονων ομαδικών ερώτων. Τα παιδιά είναι δικά μας όσο ποτέ άλλοτε.

Χωρίζω τη σάρκα σε λουρίδες χιλιοστών - λεπτά δερμάτινα κολλάρα – και τις κρεμώ στην άλλη χώρα. Όταν γυρίσει πλευρό η ιστορία θα συναρμολογηθώ ξανά τριαντάρης και καυλωμένος.

Η συνάντησή μας είναι υπόθεση χρόνου.

Τα Ομοιώματα

βυθίζομαι στο κλάμα της φθινοπωρινής στιγμής

και σε φαντάζομαι

σα δάκρυ να κατρακυλάς
στα εσωτερικά τοιχώματα
της αμνησίας

Πάνω σε πεδιάδες
που όλα είναι θεμιτά

η νύχτα
υψώνεται
η λαιμητόμος
μου

μ' ένα φεγγάρι
πράσινο εμετό
σαν τρίγωνο

βγάζουν τις γλώσσες
που είναι γάντια
και τις πετούν
στα πόδια μου

σε ικετεύω
μέσα από μαύρους καθρέφτες

παγίδευσαν
τους βολβούς των ματιών
και τις ρυτίδες

έστρωσαν άσφαλτο στους στίχους

μάδησαν τους κύκνους

στριφογυρίζω στα σεντόνια
και με παγώνουν
τα εσωτερικά ρεύματα

κρεμώ το λαρύγγι μου
στο ταβάνι
και στέκομαι από κάτω

με τις ώρες

σφαλιαρίζω το τηλέφωνο

και τα βιβλία
τα βάφτισα
βεντάλιες

ακόμη και η μνήμη
έγινε χέλι

Στις κοιλάδες των ομοιωμάτων
στάζουν παλάμες

και περιφέρομαι σα βέλασμα

ονειρεύομαι το αίμα μου
να με ραντίζει

Στις συνουσίες των αφών
λιώνουν τα μάτια
κ' εσύ κάθετη
κατρακυλώ στο σώμα σου
γκρίζο δάκρυ
που θωπεύει

μεταμφιέστηκες το άγνωστο
και κουρεύτηκες γουλί
με κόκκινες καρατομές
τους δυο μικρούς σου καταρράχτες

άφησες τα ομοιώματα
να συνθέσουν τη συμφωνία των αυνανισμών
και με τα μάτια του ποιητή
ήρθες

η μαύρη σου ουρά
σηκώνει σίφουνες
που λαχανιάζουν
στις στοές των ρουθουνιών

και σηκώνω τα μπροστινά μου πόδια

τώρα με βλέπεις
κάθετα

βλέπεις δηλαδή την αναρρίχηση
του βάλτου

Καταιγίδα
η σιωπή
σφηνώνεται στο χρόνο
γυρίζει κάποτε
τη βλέπουμε με τις παλάμες
τις κόβουμε
πέφτουν στη λίμνη
μένουν οι κύκλοι του νερού

η σιωπή με στήθος έρημο
στα βάθη πέρα
πιο πέρα κι απ' τον καναπέ
με τα λουλούδια
μας βάφτιζε με τη σιωπή της
μες τη σιωπή
ξεφλούδιζα τα δάχτυλα
και τ' άναβα
έδειχνα το σκοτάδι
που βυθιζόμουν
στα πηγάδια του

Πήλινες θάλασσες
φλέβες
και ήχοι

στο βάθος
γκρίζα υπόκρουση
το σώμα σου

(όλο για το σώμα σου μιλώ
που τρέχει καταρράχτης
απ' τα μαύρα μυαλά

και χύνεται στους πρόποδές μου)

γκρίζα υπόκρουση λοιπόν

γύρω απ' τα ομοιώματα

Πέφτω μπρούμητα
κοπάδια περνούν από πάνω μου
μου γλείφει η βιασύνη τους ώμους
και τα μαλλιά

ο ήχος κουλουριάζεται
στις κουφάλες

φαντάζομαι τους ήχους του γέλιου σου

τη διάθλασή τους
στα σύνολα των λαών

να βαστήξω τον ψίθυρο
να βαστήξω τον ψίθυρο

κι ας μην είσαι στο τέλος της στοάς
για τον α΄ η τον β΄ λόγο

Τα βράδια
φωσφορίζουν τα ομοιώματα

γίνονται χαίτες που ουρλιάζουν

Το μάτι σου πέφτοντας
έχει τον κρότο καταρράχτη

πού σύνθετες πάλι
μονόχρωμα κολάζ

με πεταλούδες
μαύρες
να φτερνίζονται
ολόγυρά σου

τα σκαλιστά μας δάχτυλα
που χτες εφύτεψα
τραγούδησαν την νύχτα
με το γαρούφαλλο στ' αυτί

και παραδόθηκαν

δε με πιστεύεις

να οι αναθυμιάσεις
στους πόρους μου

έκοβα τις φλέβες

στις κοιλιές των πέντε ηπείρων
άφηνα να τρέχουν
οι φλέβες μου

Χαϊδεύω την καμπύλη της νύχτας
πάλι και πάλι

βυθίζω βαθιά το μαχαίρι

μαζεύεται ο χρόνος με το αίμα

τρέχει
κίτρινος πυρετός

τα παιδιά γελούν
κι οι γιατροί σήκωσαν τα χέρια

το τελευταίο που ακούω
είναι το κεφάλι μου
κάτω απ' το νερό

στο στόμα φύκια

εμφανίζεσαι στην οθόνη με σλιπάκι
και βεντάλια
γύρω σου βόσκουνε φεγγάρια

το κομπολόϊ με τα χασμουρητά
προλαβαίνω να ρωτήσω

ύστερα τα ομοιώματα
κηρύττουν επανάσταση

ψιχαλίζει   τώρα
μουγγούς

ανάσκελα στους βυθούς
κοιτώ τα παιδικά μου τραγούδια

Τώρα που η απόσταση θρυμματίζει
το πρόσωπό σου
και το καινό δεν είναι πια καινό
δένω κόμπο τη μνήμη
κι αφήνω το κορμί
χέρι μαχαίρι και ψωμί

Όλο και έρχομαι σ' αυτά που δεν με περιμένουν

παλιές αφές – κομμένα δάχτυλα
ή χαραδρίτσες σε ψηφιδωτό

κολάζ που το μεγάλωσαν νύχτες και δάκρυα

κι ένα μεγάλο δόντι
που φωσφόριζε
και αιωρούνταν
κι άνοιγε μαύρες τρύπες

αυτό το κομμάτι
σου πάει πολύ

παρα-παπαμ-παπαμ-παπαμ........

το παίρνεις γυμνό στη γυμνή αγκαλιά σου
και τρέχεις

όλο τρέχεις

βυθίζεσαι σε ιπτάμενες θάλασσες
σε βουνά που θέλουν ν' αυτοκτονήσουν

βυθίζεσαι στα μάτια μου

όλοι μας κρύβουμε
μια φωτογραφία της πόλης
στον αμφιβληστροειδή χιτώνα
που πολλές φορές γίνεται άλογο

Φαρδιά σεντόνια
που διψούν να σκεπάσουν τοπία
και να τραβήξουν με το τσιγκέλι τα όνειρα
με το παγωμένο αίμα στο φιλί

γιατί σκάβεις το δωμάτιο
και τα στρώματα των νεκρών συντρόφων

Κάπου σπείραμε
για να φυτρώσουν λόγοι και αιτίες

γίνονται κύκλοι μαύροι

στάζουν από τα μάτια

και δεν θυμούνται ούτε δέχονται

το τοπίο ξεφεύγει από τον χρόνο

Όσο κι αν ψάξεις
ο ίλιγγος έχει πάντα κρυφές πτυχές

το ομολόγησες άλλωστε
όταν τα κορμιά πέρασαν στη διαφάνεια
κι αρχίσαμε ν' ακούμε το εσωτερικό του χώρου

τα κορμιά έχουν ένα εσωτερικό φως
όταν τ' ανάψεις όλα ακούγονται

α̕κούω το μάτι σου με το εσωτερικό φως
οι φίλοι γίνανε βουβάλια σε φαρδιές σαβάνες

Έτοιμος
για το λουτρό των τοπίων
που βήχοντας φωτογραφίζουμε
σαν επισκέπτες

το έλεγα
μια μέρα
θα σταματήσει η ροή του κόσμου
κι' εγώ που έμαθα να σε ακούω
μέσα στην αλλαγή
θα επιμείνω στην Ιστορία

ώσπου

να χωρέσει όλη στο δωμάτιό μου

να από εδώ μέχρι εδώ
και μέχρι εκεί

ίσως λίγο στριμωχτά
και μέχρι αυτό το σημείο

Η Μνήμη του Επισκέπτη

Ας υποθέσουμε πως δεν έχουμε φτάσει
από εκατό δρόμους τα όρια της σιγής
κώστας καρυωτάκης

Ζήσαμε πάντοτε αλλού και μόνον όταν κάποιος
μας αγαπήσει
ερχόμαστε για λίγο
τάσος λειβαδίτης

I

Σε στενούς ατραπούς χωρίς ορίζοντα με ελιγμούς-αινίγματα είμαι γλώσσα ευάλωτη και σέρνεται σε αδιάφορες κλειτορίδες. το χτες δεν υπάρχει κι ας μας γέννησε. το άπειρο μαύρο φτερό σου αγάπη μονόφτερη σηκώνει σίφουνες γεννά το πάθος του αυνανισμού δίπλα απ' την κουρτίνα που πάντα έκλεισα πριν λίγο. πριν από λίγο καθισμένος σε κάποια πολυθρόνα βαφτιζόμουν στη σταγόνα του ουρανού προσπαθώντας να ξεκάνω τις νίκες του μπαμπά μου που έφεραν την σιγουριά της πέτρας και μας έλειωσε. καλύτερα νεκρός με μια πληγή που άγγιξα. καλύτερα νεκροί φίλοι σύντροφοι μες τη θανατηφόρα ζωή της διαφάνειας.

σε στενές ατραπούς χωρίς ορίζοντα σέρνομαι μ' άπειρες χαραδρίτσες στις φωνές μου και σφαδάζει στα μάτια μας το σώμα το κόκκινα ερωτικό του οράματος. ζω τη μοναξιά του και φωνάζω στους τοίχους τ' όνομά σου Βλαντιμίρ που στραγγάλισες τους βάλτους να πεθάνεις.

το φιλί σου είναι μάτι
και δακρύζει

Έξω οι σάλπιγγες σταμάτησαν το πρόσεξα στα στεγνά σου δάχτυλα. ανοίγομαι αλεξίπτωτο και πέφτω ανατριχίλα η ρόγχος. θα σε ζωγραφίσω πάλι και ξανά πετώντας τα μέλη μου στα τέσσερα σημεία της κάμαρας. θα ψήσω στους ίσκιους τους παλιούς μας ύπνους και πίνοντας τους θα κόβουμε φέτες το φώς φέτες την κίνηση.

μες το ποίημα είσαι δάκρυ ολοκάθαρο. τραβιέσαι πινελιές όπως κατρακυλάς και στάζουν παιδάκια που θα θέλαμε. ξεχάστηκα πάλι στη στροφή της κάμαρας με χέρι ανάταση και το μάτι για πέλμα. η πίεση του χώρου ανέβηκε. στα μελίγγια ο χρόνος κι αυτός τίποτα καινούργιο μια φυλή από τύμπανα.

η ιστορία μας είναι ο γκρίζος βράχος στην άδεια κάμαρα. ένα μικρό παράθυρο ψηλά στον τοίχο να τρέχει φως και νύχτα. χωρίς πόρτες. με τα εντόσθια του ταβανιού ακάλυπτα. κι εμείς σαν ήχος να περνάμε

και να πετάμε ήχινα.

λευκό δωμάτιο

μαύρα σεντόνια
κρέμονται στις οροφές

ένα μπουκέτο νύχτα

γυμνός
ψηλαφώ τη ρευστότητα του χώρου
με ήρεμους σπασμούς

η αμνησία αναπτύσσεται σε μουσική και αεράκι

του στέλιου

Στο βάθος τα μαύρα νερά
της αμνησίας

από νωρίς το φως
με την πληγή
δέρνει και δέρνει

στρώνω αργά τα λέπια μου
(τοπίο με εντόσθια και αρτηρίες
και φιλικούς κανίβαλους)

σε κοιλώματα
που ρούφηξαν το χρόνο
το παραμιλητό
χυμένο
στα γυμνά σου στήθη

Μένει μόνο το κορμί
σαν κεραία

του μεσσίνη

Ματώνεις τη φωνή σου

με τύμπανα κουρέλια
τρέχω

απλώνω
τύμπανα σεντόνια
κι αντιγράφω τους παλμούς

ο σπαραγμός
ρωγμή
στο τζάμι του ματιού σου

Σα μαστίγιο
ο ρόγχος των ματιών

μείναμε μόνοι   μάτια μου

η εκταφή εξελίσσεται στην ενδοχώρα
του αυτιού

φοράμε κι οι δυο τα μαύρα μας

έχουμε βάψει κόκκινο τον άνεμο

βουτάει στα μαλλιά

και πέφτουν φύλλα μουσικής
στους ώμους τους

αεροπλανάκι απογειώνομαι

εσύ απαγγέλεις
'ας υποθέσουμε πως δεν έχουμε φτάσει
από εκατό δρόμους τα όρια της σιγής'

πιασμένοι χέρι-χέρι
φτιάχνουμε προσευχές
άι γιώργη μιχελακάκη άγιε ηλία αγία τούλα άγιε στέλιο
μεγαλομάρτυρα κώστα καρυωτάκη μεγαλομάρτυρα βλαντιμίρ

ύστερα χαιρετάμε
μέσα από κορνίζες

μετά κατρακυλούν στόματα

οι μπουρμπουλήθες που φτάνουν στον αφρό
λένε την ιστορία μας

Μαζεύω παλάμες
το στόμα μου κομμένη φλέβα

και στάζουν ουρλιαχτά
στους ολόλευκους μηρούς

αρχίζει το παραλήρημα
από ξεχασμένες φωνές

εσύ κρυφοκοιτάς
τις μυρωδιές
και ονειρεύεσαι
ποτάμια
από την ηδονή της θάλασσας

που ήταν μακριά

με τις παλάμες θα φτιάχνω ανθοδέσμες

τα πρωινά
θα γηροκομώ συντριβάνια από χτεσινά μαλιά

με τ' άφθονα υγρά σου
θα ποτίζουμε

κρυφοκοιτάς
γυμνή
που αλλάζω τα ονόματα

πώς θα με καλείς τώρα
κοντά σου

που μας χωρίζουν αιμάτινα γλυπτά

μήπως Αζόρ

Κάθε πρωινό και κάθε δειλινό
με ποτίζεις και μ' αφοπλίζεις

Νυχτερινό τύμπανο
έδινε το ρυθμό

το δέρμα σου

Ακούω τη μνήμη των σωμάτων
στα ρουθούνια

Τα ομοιώματα
γέρνουν ελαφρά στο αχανές

βουτώ τα δαχτυλά μου στα μυαλά μου

κοπάδια οι σάρκες
με ποδοβολητό

οι παλάμες ράισαν
απ' τη φωνή σου

Μη φοβάσαι

Κόκκινο χλιμίντρισμα   σε γκρίζο φόντο
το κορμί σου

Τα δάχτυλα
χύνονται

λ
υ
γ
μ
ο
ί

στο σώμα σου

Ψιχαλίζει   τώρα
μουγγούς

II

Ούτε η οργή
ούτε ο ενθουσιασμός
μόνο η σοφία της κούρασης
και η γλώσσα που άγγιξε το δημιουργό της
δηλαδή το καινό
που ο κάθε πατέρας και η κάθε μητέρα είναι
το είναι που επιτέλους γύρισε πλευρό
κ' έλαμψε σαν τον ωκεανό η απουσία
χωρίς τους συνηθισμένους – όσο κι αν
συμπαθητικούς
αγγέλους
μόνο οι άχρωμες λέξεις
να εμφανίζονται
με φόντο το τίποτα

Στολίσαμε τους τοίχους της κάμαρας
με καθρέφτες του Francis Bacon

εμείς του τώρα δηλαδή του ποτέ
και του πάντοτε

δε ζητήσαμε παρά τη γνώση
της ίδιας μας της γλώσσας

μες το προαιώνιο σκοτάδι
που όλα τα φέρνει μαζί

μοχθήσαμε για το ΝΑΙ
μακριά από χειραψίες

Το τοπίο ήταν κραυγή της σκέψης

αφήσαμε το σώμα στους ρυθμούς του μεγάλου κενού
και κοιτούσαμε από ψηλά την κίνηση

συζητούσαμε βουβά σα να πίναμε νερό
ή σα να είμαστε στους βυθούς της λίμνης

να προσέχεις – μου έγνεφες
και να θυμάσαι τον πόνο

πόνος και μνήμη είναι τώρα ένα
το υλικό για την δημιουργία του κόσμου

όταν νύχτωσε αγαπηθήκαμε στις ρωγμές λευκών σεντονιών
που κάποτε ήταν σημαίες

Μόνο στους ατόφιους ρυθμούς υπάρχει η ανάσταση
στην αφωνία του ναού που χτίζουμε
με χαμηλούς ορίζοντες
ν' ακούει το ποίημα τη φωνή του

η παλάμη σου
είναι η τελευταία σελίδα αυτής της Ιστορίας

«ο φοίνικας στην άκρη της σκέψης» λέει ο Stevens

βγαίνουμε περιοδικά στους κήπους
οι ποδηλάτες με τα walkman και τους σκύλους
το γήπεδο του Football και η νεκρόπολη
το καλοκαίρι με τη ζέστη

μες την αφαίρεση της λάμψης το νυχτωμένο σώμα

μιλάς ψιθυριστά σαν προσευχή
εγώ ακούω το ποίημα να στολίζει τη μνήμη

Ο ιδρώτας απ' το τελευταίο ποίημα
ακόμη στις παλάμες σου

μην τον σκουπίσεις

θα εξατμιστεί μέσα στο φως
αποκαλύπτοντας την υπομονή της επανάστασης
με το διάφανο δάχτυλο της γνώσης

μην τον σκουπίσεις
σαν από λάθος
συνεπαρμένη από την αδιαφορία της στιγμής
που μηρυκάζει
μικρούς θάμνους λήθης

Στα δεξιά μας ο τοίχος με τα βιβλία
στ' αριστερά μας
χαμόγελα
που μόνο εμείς βλέπουμε

όταν βλέπεις μόνος
έχεις ήδη ξορκίσει την τρέλα

εισέρχεσαι λοιπόν στη νύχτα του καθολικού
χλιμιντρίζεις αδιάκοπα
με τον αντίλαλο νίβεις το πρόσωπό σου
οι σταγόνες που περισσεύουν
σχηματίζουν την λίμνη του ιδανικού

πετώ το τελευταίο μου κέρμα
ψιθυρίζοντας τ' όνομά σου για ευχή

Άνοιξε την πηγή στο πάτωμα
του δωματίου με τις αφαιρέσεις
που είναι διάσπαρτες σαν κόκκαλα

ύστερα
«σαν έτοιμη από καιρό σαν θαρραλέα»
με το κενό
συγκόλλησέ τες
και δείξε το παιδί στους στείρους

του γιώργου μιχελακάκη

Οι απογευματινοί μας περίπατοι
κρύβουν μια βιασύνη μέσα τους
που δεν φαίνεται στα βήματά μας

χαιρετάμε κρυμμένα παιδάκια
με παιχνίδια από χώμα και νερό

κι ελπίζουμε ότι ο φίλος που είναι μακριά
δεν έχει ξεχάσει τον πόνο

πόνος και μνήμη είναι τώρα ένα
το υλικό για τη δημιουργία του κόσμου

«θέλω να επισκεφτώ το νησί των εξορίστων»
«ναι» απάντησες «πρέπει να κοιτάμε με γαλήνη»

«σ' αγαπώ» συνέχισα
«γι' αυτό μετρώ το γκρίζο»

οι αποχρώσεις του γκρίζου κρεμάστηκαν στα δάχτυλά μας
με το βάθος του γκρίζου ατόφιο
και το τοπίο δε θυμόταν
ένα θαυμαστικό

(20ος αιώνας)

α_ς γευτούμε ό,τι αγγίζουμε όσο τ' αγγίζουμε
κι ας πούμε ότι είναι δώρο αναπάντεχο
σ' εμάς τους μύστες της ακέραιας απουσίας

ανάμεσα στο σώμα μου και στο δικό σου
«τ' ανάγλυφα μιας τέχνης ταπεινής»

είμαστε τώρα στο τέλος του ποιήματος
δηλαδή στον αντίποδα των Ελλήνων
στην καθαρή αφαίρεση

μετέωρες γλώσσες
που αγαπούν

Αγαπηθήκαμε απαγγέλλοντας Καρυωτάκη
«είμαστε κάτι διάχυτες αισθήσεις....»

η μέρα έξω έλαμπε μια λάμψη

Κάθε ποίημα
είναι και μια αναβολή
όπως το σκοτάδι
στο στόμα του ηττημένου

τι σημασία έχει λοιπόν αν οι έννοιες ρέουν

μες τον κήπο με τις παλάμες του Νάρκισσου

ας γυρίσουμε στο έρεβος
φωνάζοντας Αγάπη

Το Ποίημα Κοιτά την Πλάτη του

Είχα πάντα το φόβο όπως και εσύ μη δεν προφτάσω τα πάντα
γ. μιχελακάκης

......και μετά ήρθαν όπως έρχονται πάντα έτσι από δρόμους
το πετσί τους έλεγα σαν να λέω στο πετσί τους ήταν πάντα
και χαιρετούσαν

αφού είπαν όπως λένε λόγια μετά ήταν σαν να ήταν κρεμασμένα
κουνούσε ο άνεμος τα κρεμασμένα όλοι φώναζαν μνήμη
φώναζα μνήμη όπως φώναζα σαν πάντα

φώναζα η φωνή φώναζε φωνή πάει η φωνή σαν πάντα
μνήμη φωνή με το πετσί από δρόμους τώρα έλεγα
με τη φωνή όπως λόγια αφού βρήκαν και τίποτα
από χτες θα ήρθαν από χτες να
θα τους δω πάντα στη μνήμη πάντα φωνή τα πάντα

αφού κάθησαν ιστορίες διάφορες μόνο τις πλάτες κάτι μεγάλα
στόματα στις πλάτες ένας φόβος που φοβόμουν γιατί φώναζα
ήθελα να φωνάξω φωνή έτσι με ήχους μες τη φωνή
μην και πνιγώ ο φόβος που φοβόμουν τώρα

συνέχισε η ιστορία σαν ιστορία άκουγα την ιστορία όπως ακούω
δεν είναι όμως ότι έλεγες σαν να το λες δεν είναι

απ' το παράθυρο οι φωνές βαθιά παντού μην ψάχνεις όπως
ψάχνεις είναι όπως είναι απ' το παράθυρο μικρός όταν μιλούσε
σαν να μιλούσε χειροκροτήματα πάντα ωραίος πως αγαπήθηκε
κι όμως ωραίος όπως φύτεψε όταν νύχτα όπως τάλεγαν

δεν ξέρω πως σαν πως κούραση τίποτα βαθιά πολύ
σαν βάθος έτσι που βγαίνεις σαν να βγαίνεις αποκάτω
άλλο φως πετσί στιλπνό σαν το στιλπνό μετά πετάς τις
πέτρες κι' όλα γυρίζουν σαν να γυρίζουν

προσπαθήσαμε σαν την προσπάθεια πάντα παράθυρο
και σαν να πέρναγε όπως πέρναγε το φως τώρα να όλα
από μέσα μην το σκεφτείς με πόνο και τι κούραση όπως
η κούραση με πόνο η κούραση

με πόνο σαν πόνο και με κούραση τι κούραση
και όμως προσπάθεια και να ελεύθερα από πριν
με τόσο βάθος όπως το βάθος μετά και πριν μπροστά το
βάθος έτσι αργά όπως αργά η ιστορία σαν ιστορία ψάχνεται
αφού υγρός παντού υγρός μικρό ποτάμι το ποτάμι
από το σώμα σαν από σώμα χύθηκε όπως χύθηκε και
να τι κούραση σαν πόνος όπως η κούραση στο σώμα σαν
γλώσσα και όλα γίνανε γλώσσα

αφού κουράστηκαν η σιωπή άλλη πλευρά στη σιωπή και
άλλα πλήθη τα πλήθη με τη βοή σαν μια βοή βουβή που είναι
σωματική βοή σαν σώμα όπως το σώμα βουβό σαν σώμα

σώμα αυτά όπως αυτά το δίχτυ σαν ένα δίχτυ σαν
ένας ψίθυρος όπως ο ψίθυρος σαν ένας ψίθυρος όπως ο
ψίθυρος και πάλι πάλι δίχτυ όπως το δίχτυ σαν ένας
ψίθυρος μες τη βοή βουβή που είναι σαν σώμα όπως το
σώμα βουβό σαν σώμα

κούραση και πόνος τι κούραση τι πόνος τα πλήθη με
βουή σαν μια βουή βουβή που ψάχνεις όπως
ψάχνεις μην ψάχνεις δεν μπορείς σαν να μπορείς
ότι έλεγες σαν να το έλεγες φοβόμουν

φώναζα
φωνή φώναζα
η φωνή φώναζα
φώναζε η φωνή φωνή
φώναζε φωνή φωνή
μνήμη φωνή φώναζε μνήμη
μνήμη φωνή
στη μνήμη στη μνήμη πάντα
μνήμη τα πάντα

ήρθαν
από δρόμους
δρόμοι από δρόμους
έρχονται έτσι
όπως έρχονται
έρχονται
το πετσί τους
λέω το πετσί τους
λέω σαν να έλεγα
το πετσί τους στο
πετσί τους
ήσαν
χαιρετούσαν

φώναζα
φωνή φώναζα
η φωνή φώναζα
φωνή φώναζα φωνή
φωνή φώνισα φωνή
η φωνή φώναζε
φωνή φώναζε
φωνή φώναζε φωνή
φωνή φώνιζε φωνή
φώνιζε

φωνάζω η φωνή

φω   να   ζω   η φωνή
φω   να   ζωή   φωνή
να   ζωή   φωνή
ζωή   φωνή
ζωή   φωνή   μη
μη   μη
φω   νη
μη

μνήμη
μνήμη φωνή
μνη μη φωνή
φωνίζω μνήμη
φωνί ζω μνήμη

ήρθε ο ηλίας
ήρθε η τούλα
ήρθε ο γιώργος
ήρθε ο γιώργος
ήρθε ο στέλιος
ήρθε ο άρης
ήρθε ο κώστας
ήρθε ο βλαδίμηρος

ήρθαν
μετά ήρθαν

τους κοιτούσα μετά που ήρθαν
τους σκεφτόμουν ήρθαν

ο ηλίας ήρθαν
η τούλα ήρθαν
ο γιώργος και ο γιώργος ήρθαν
ο στέλιος ήρθαν
ο άρης ήρθαν
ο κώστας ήρθαν
ο βλαδίμηρος ήρθαν

ήρθαν ηλία   ο ήρθαν ηλίας

ήρθαν τούλα   η ήρθαν τούλα

ήρθαν γιώργο   ο ήρθαν γιώργος

ήρθαν γιώργο   ο ήρθαν γιώργος

ήρθαν στέλιο   ο ήρθαν στέλιος

ήρθαν άρη   ο ήρθαν άρης

ήρθαν κώστα   ο ήρθαν κώστας

ήρθαν βλαδίμηρε   ο ήρθαν βλαδίμηρος

ήρθαν ηλία

    η ήρθαν τούλα

        ο ήρθαν γιώργος

            ο ήρθαν γιώργος

                ο ήρθαν στέλιος

                    ο ήρθαν άρης

                        ο ήρθαν κώστας

                            ο ήρθαν βλαδίμηρος   ο ήρθαν ηλίας

ήρθαν τούλα

    ο ήρθαν ηλίας

        ο ήρθαν γιώργος

            ο ήρθαν γιώργος

                ο ήρθαν στέλιος

                    ο ήρθαν άρης

                        ο ήρθαν κώστας

                            ο ήρθαν βλαδίμηρος   η ήρθαν τούλα

ήρθαν γιώργο

    η ήρθαν τούλα

        ο ήρθαν γιώργος

            ο ήρθαν στέλιος

                ο ήρθαν άρης

                    ο ήρθαν κώστας

                        ο ήρθαν βλαδίμηρος   ο ήρθαν γιώργος

ήρθαν στέλιο

    η ήρθαν τούλα

        ο ήρθαν γιώργος

          ο ήρθαν γιώργος

            ο ήρθαν άρης

              ο ήρθαν κώστας

                ο ήρθαν βλαδίμηρος

                  ο ήρθαν ηλίας   ο ήρθαν στέλιος

ήρθαν κώστα

    η ήρθαν τούλα

        ο ήρθαν γιώργος

            ο ήρθαν γιώργος

              ο ήρθαν στέλιος

                ο ήρθαν ηλίας

                  ο ήρθαν βλαδίμηρος   ο ήρ0αν κώστας

ήρθαν άρη

    η ήρθαν τούλα

        ο ήρθαν γιώργος

           ο ήρθαν γιώργος

              ο ήρθαν στέλιος

                  ο ήρθαν κώστας

                      ο ήρθαν βλαδίμηρος

                        ο ήρθαν ηλίας   ο ήρθαν άρης

ήρθαν βλαδίμηρε

    η ήρθαν τούλα

        ο ήρθαν γιώργος

            ο ήρθαν γιώργος

              ο ήρθαν στέλιος

                  ο ήρθαν άρης

                      ο ήρθαν κώστας

                        ο ήρθαν ηλίας   ο ήρθαν βλαδίμηρος

ήρθαν

μετά ήρθαν
όπως
πάντα έτσι
από δρόμους

το πετσί τους έλεγα σαν να λέω
το πετσί τους ήρθαν ήταν πάντα
χαιρετούσαν

αφού όπως λένε				η			κ
λόγια						σ
ήταν λόγια ήρθαν				τ
σαν να ήταν είπαν		γ	λ	τ	ε
μετά ήταν κρεμασμένα
τόσα ήρθαν κρεμασμένα		ι	ι	ο	λ	ω
ήρθαν κρεμασμένα				υ
ο άνεμος τα κρεμασμένα		ω		λ	ι	σ
κουνούσε ο άνεμος τα κρεμασμένα	ρ	α				τ
ήρθαν φώναξαν μνήμη φώναξα			α		ο	α
μνήμη				γ			ς	ς
όπως				ο	ς
φώναζα πάντα			ς

ήρθαν   φώναζα
            φωνή φώναζα
    η   φωνή φώναζα
            φώναζα ήρθαν
            φωνή φωνή
            φωνή φώναζα φωνή
            φώναζα φωνή
            φώνιζα φωνή η φωνή φωνή

            φωνά   ζω   η   φωνή
            φωνά   φωνά
            ζω   η
            φωνή
    φω   να   ζω   η   φωνή
                           ήρθαν   να   ζω
φωνή
                ζωή
            ζωή   φωνή
            ζωή   φωνή   μη
            ζωή   φωνή   μνη
            μνη   φωνή
            μνη   μη   φωνή
            μνήμη   φωνή
            φωνάζω μνήμη   φωνή
        η   φωνή
        η   φωνή   φώναζε φωνή
        η   φωνή   φώναζε
            φωνή   φώναζε
            φωνή   φώναζε   φωνή
            φώνιζε   φωνή
            φώνιζε

φώναζα η φωνή φώναζε φωνή σαν πάντα μνήμη φωνή
από δρόμους έλεγα τα στόματα στη πλάτη πίσω στη πλάτη
με φωνή λόγια και τίποτα θα ήρθαν
ήρθαν από χτες θα δω πάντα στη μνήμη πάντα
φωνή τα πάντα

πάντα
πάντα τα πάντα
τα πάντα πάντα
πάντα πάντα τα
πάντα

Σε Αναγγέλλω στη Φωνή μου

α, το ωραίο μυστήριο να' σαι μονάχος, το μυστήριο να'
σαστε δύο ή το μέγα μυστήριο να' μαστε όλοι

τάσος λειβαδίτης

Στο απλό της σιωπής
από χειραψίες που αποσύρονται

πάντα μου ανοίγεις πριν χτυπήσω
χωρίς φιλοδοξίες

τι σημάδια μπορεί ν' αφήσει η αφή
και πού

μες την αφαίρεση της νύχτας
έφτασες αδιαίρετη

Με τις αποχρώσεις του κενού

τα δέκα δάχτυλα

χτίζεις
γλυπτά από καπνό και από ήχο

χτιζόμενα γλυπτά
όμορφος

τόσο όμορφος
που δάκρυσα

που σκέφτηκα τη ζωή Μας

Έβρεξες τους μηρούς
στην άκρη αυτής της λέξης

της λέξης των λέξεων

αγάπη

κι έγινες σιντριβάνι στο λυκόφως
(που ούτε μέρα ούτε νύχτα)

από χώμα από νερό και άνεμο

από φωτιά

ίσως γιατί δεν έχουν σχήμα
είναι το νόημα της διαύγειας

τα καλύτερα δώρα μού τα χάρισες
πριν γνωριστούμε

Γαλάζιος ευκάλυπτος

στην καμπή του φωτός
αυτής της γιορτινής μέρας

με τις παλάμες στραμμένες στο κενό
σα μάτι

να βρεις την πατρίδα σε μια λέξη
να βρεις το πρόσωπο σε μια θάλασσα

ολοκαύτωμα
ν' αγκαλιάσεις το όραμα

ακουμπάς το κεφάλι στο στήθος
Σου
και κοιμάσαι

Τρέχεις στα περασμένα του αύριο

στα μάτια σου
ένα σκοτάδι

πιο διάφανο κι από αρχαίο ναό

σ' απόκρυφα σημεία
του
φυτεύω
τα πιο γερά μου δάχτυλα

θολές σημαίες

σαν το παιδί στην αγκαλιά σου

περιμένοντας περιμένεις
το θρίαμβο των τυφλών

                         (η καθημερινότητα των γενναίων)

Στο βάθος
το βάθος του κόσμου

ξεχειλίζεις
(σα σκοτάδι μέσα από γαλαξίες
σαν Ιστορία μέσα από καημούς)

βαστώ το ποτήρι
ψιθυρίζοντας τ' αυριανά

«αργά πολύ αργά
μέσα στη νύχτα»

πιο   αργά

μετά

πιο   πέρα

μιλάς
τραβώντας τις λέξεις σου πίσω

                        (ο ορισμός της ποίησης)

Τι ενώνει και τι χωρίζει
τους ανθρώπους;

έπλεξες τον ιστό
με το χώρο και με το χρόνο

μες το χώρο και το χρόνο

το πρόσωπό σου
είναι ο Τόπος της ματαίωσης

έρχεσαι και φεύγεις
έρχεσαι και φεύγεις
(άφωνη Μνήμη)

σαν το ποτάμι του Σεφέρη
ή του Ηράκλειτου

σ' αγκάλιασε ο χαμός
και τον αγκάλιασες

κρεμασμένες λέξεις
στους ορίζοντες

που όλα βρέθηκαν
που όλα χάθηκαν

ά
π   α
ε   θ   ύ
ι   ά   ρ
ρ   ε   ν   ι
ο   μ   α   ο
          ε   τ
          ί   ο
          ς   ς

ο κόσμος
είναι το όραμα της μνήμης

του κωσταντίνου

η σκοτεινή παλάμη σου
αναδύεται στο φως

ω αγάπη
πυρπολημένη αγάπη μου

γύρω σου
η Μνήμη   (καπνός)
των νηπίων η μνήμη

γύρω σου η σιωπή

το μέτωπο του παιδιού
αγέλη αγγέλοι

αντaμώσαμε στην αντάμωση

τα πέταλα του κόσμου
γύρω παντού

η νύχτα μέσα έλαμπε μια λάμψη

Ο παλμός σου μετέωρος στην κόμη του κόσμου
του χρόνου

εσύ ένας περίπατος

θυμάσαι λοιπόν;

άφησα τις παλάμες μου στην πόρτα
να σου ανοίξουν όταν έρθεις

μη διστάξεις
απ' τα ξεραμένα πέταλα τριγύρω

είναι η μνήμη με τις σάλπιγγες

Στην άπειρη στιγμή του μύθου μας
(του ήχου μας;)

επιθυμώ τα πάντα

βουνά και πολιτείες και ιστορία
υποχωρούν
ν' αναδυθεί η παλάμη σου

σ' αγγίζω

πέρα από δάκρυα
πέρα από ταξίδια

όραμα
με το πρόσωπο της ερημιάς
στο χρόνο

Μεσάνυχτα

κι από τις δυό μεριές το αίμα

έλα έλα
στον ερχομό σου έχει νόημα η ανάληψη
(μετάληψη;)

και η αρχαία χειρονομία των άστρων

η θλίψη του κόσμου
στο λυκόφως της ανάληψης

μ' ένα κεράκι
ψιθυρίζοντας τη φλόγα του

όλα όσα έρχονται
τα φύλαξα στα μάτια

Ανάμεσα στις παλάμες ο ισθμός

εκεί λούζεσαι
και φεύγεις

αφήνοντας στο σούρουπο παλμούς

σε αναγγέλλω στη φωνή μου

Και προς τα μέσα
και προς τα μέσα

στο κενό το καινό

Kesariani

(place of execution)

their blood was no longer visible
on the gray walls of History   only names

the last whisper of eternity
could no longer be heard
in the eyes of those around   only the wind

playful children on the edge of the night
only the trees still had roots

o my love

hold my hand
and say the empty word

say the empty world

from the other side of the wall

I mourned the dead
after many years

when I arrived
History had already left

I arrived late

my body
would have found its place amongst their bodies

I would have greeted them
with my body

"I am here too" I would have said

I would have become an "I"

I would have stood with my body
before History

without us

ς

πάντα η σιωπή μένει γονατισμένη

γιάννης ρίτσος

πού;

γονάτισες
γονατιστός γονάτισες

πού;

τα κύμβαλα άφησες
τ' άφησες

πού;

δε σε ζητώ άλλο
δε σε αναζητώ

πετώντας
στις ρωγμές της παλά
μη
ς

κόκκινα πέταλα

εδώ

γονάτισε
ς
γονατιστός

γονάτισε
ς

εδώ

τα κύμβαλα
άφησε
ς
τ' άφησες

γο
νά
τι
σε
ς

γο   γο
να   νά
τι   τι
στό σε
ς   ς

γω
να
τι;
σε
ς

γονατιστες

Οι Κοιλάδες των Λέξεων

αφη σε με

σε σκιές
με ίχνη νεκρών ποιητών
που βάδισαν τυφλοί

αναΖΗΤΩντας

Αθήνα   Παρίσι   Μόσχα

Εγώ

      Εσύ

           Εμείς

υπό
δέχεσαι
τα ορυκτά του γέλιου μου

Έχουν τα χείλια σου τη γεύση
του πιο ωραίου ποιήματος

που ποτέ δεν θα γράψω

άφησε να τα φιλήσω
τώρα που έδυσε ο κόσμος

και το παιδί

μας
μεγαλώνει στο άγνωστο

Έκοψες τα δάχτυλα
και στην πληγή τους
στην πληγή τους φύτεψα
τους αιώνες που δεν έρχονται

Ραντίζεις το σπίτι
με το ήρεμο της Ιστορίας

θυμάσαι τις κοιλάδες των λέξεων;

ανασαίνω το αίμα
που ρέει
έξω από το σώμα σου

μετρώ τους θανάτους
το σώμα μου

κανείς δεν ακούει τον ήχο των δαχτύλων

ούτε εσύ

Έφυγαν οι αγάπες

έμεινε η αγάπη

να μας αφουγκράζεται
όπως το δειλινό τις νύχτες

τα φιλιά σου
αφανισμένοι ναοί

τα χάδια μου
ορφανές ψαλμωδίες

πέρα
στο χαμηλό ορίζοντα
που τυφλός πια δεν μας κοιτά

ανάμεσα σε λέξεις ψιθυρίζεις
ψιθύρους θανάτου

περιΜΕνω

Μέτρησα τους κύκλους
όταν το δάκρυ σου
έσταξε στην παλάμη

λες να μας δικαιώσουν
οι αιώνες της χαράς;

λέξεις με ήχο την άβυσσο
του ανεκπλήρωτου
της υπόσχεσης που είσαι

φλοίδες
αυτής της τελειωμένης Ιστορίας

που ούτε μπροστά
ούτε πίσω

στο βάθος τους εδώ και εκεί
μόνο το βάθος

      (ο φόβος των λέξεων)

Αθήνα Παρίσι Μόσχα

Εγώ

      Εσύ

           Εμείς

έρχεσαι από παντού
απόκοσμη

αναΣΕνω

του γιώργου γκότση

Ρίζες και ύμνοι
οι παλάμες γερόντων

που θυμούνται

Απόδημοι αιώνες
που δεν γύρισαν

τα μάτια σου

της φιλοσόφου τ. νικολακοπούλου

Τα κρύσταλλα του δειλινού
γύρω στο μέτωπό σου

τη ρωγμή του κόσμου

τι όμορφη

μου αναγγέλλεις το άπειρο
μέσα από την σιωπή της

σα ν' αποχαιρετάς

                (το νόημα της αγάπης)

Η Ανάληψη των Λαβάρων

Ψίθυρος είσαι
ψιθυρίζεις τους ανέλπιδους

χτενίζω τα δέντρα του ρημαγμένου κήπου με το αύριο
τραυλίζοντας λησμονημένους ήχους

τριγύρω η ανάληψη των λαβάρων

1789   1917

κομμένες παλάμες στις παλάμες μου

οι παλάμες σου
τα τελευταία βρέφη του απείρου

αγάπησες

γι' αυτό δεν έφυγες ποτέ
(όσοι αγαπούν δεν φεύγουν, που να πάνε;)

όταν το ποτέ έφτασε
με τα κουδούνια
και τους αμνούς της Ιστορίας να αναγγέλλουν

το σβήσιμο της φωτιάς
το στέρεμα του νερού
το σταμάτημα του ανέμου
το σκόρπισμα της γης

και το παιδί να λάμπει σαν στόμα δίχως πρόσωπο

Ποιός θ' ακολουθήσει την χαμένη Ιστορία ως το τέλος
όπως ο γερανός το υπερπόντιο ταξίδι του;

άφησε το κόκκινο πουλάρι του καημού να τρέξει
στις γκρίζες κοιλάδες της ερημιάς

πέρα
πέρα απ' το πέρα

άναψε τα δάχτυλα να στάξουν
κερί στην όχθη του σύμπαντος
με τα κενά κοχύλια που η μνήμη της μνήμης είναι

φύτεψε τις παλάμες
στον τόπο που κάποτε ήταν

και πότισε τες με το νερό του Θαλή

όλα από εκεί να ξαναρχίσουν

Ονειρεύομαι στην αγκαλιά σου
μετρώντας τις πέτρες
και ζυγιάζοντας τη λάσπη
και σκορπώντας τον ιδρώτα στα χείλια του ορίζοντα

στα χείλια μας

Συνωστισμός οι νύχτες μου απ' τους αγγέλους
που έστειλες

πάλι δεν ήρθες

στο ποτάμι του σκοτεινού σκόρπισα τα δάχτυλα
κ' ήπια απ' το χέρι του το λόγο και το λυγμό του αύριο

τα ρόδα που άνθισαν στα χείλια μας
με μαύρα πέταλα
καθένα και μια σφαγή

πως αντέχεις

Πωλ Τσέλαν Έζρα Πάουντ Τάσο Λειβαδίτη   Γιώργο
Μιχελακάκη Τούλα Βλαντιμίρ

καταρράκτες στην άβυσσο γίνατε
και ωσαννά της νύχτας μου

Συνωστισμός η μνήμη μου από κακούς ανέμους

τι να σου κάνει το ποίημα

τι να σου κάνουν οι μέρες που περάσαμε μαζί
στου ρόδου το πέταλο
και στην σταγόνα της δροσιάς
μετρώντας ο ένας τα χείλια του άλλου

τι να σου κάνουν

μόνο το αίμα άφθονο
γύρω απ' την κόρη του ματιού
το κέντρο του σύμπαντος

Έστειλα το παιδί ν' αγοράσει εφημερίδα
και γύρισε έξαλλο

τίποτα
ο κόσμος τίποτα

και ο ντουνιάς καημός

Έλα σκοτεινέ πού είσαι
ήρθα πάλι στο καλύβι σου

άφησε τον καπνό της φωτιάς
να μου κάψει τα μάτια
μπας και δω τα μελλούμενα

και με δάκρυα
με τα δάκρυα πνίξε

τους λιγόψυχους της πόλης

ίσως ανθίσει ενα λουλούδι
πρωτοείδωτο

Πέρασες πέρα απ' το χρόνο
τι ώρα είναι;

πέρασες πέρα απ' την όραση
τι βλέπεις;

βγήκες έξω από την γλώσσα
τι τραγούδι λες;

η σιωπή στο μάτι σου
κουρτίνα που σαλεύει

το αεράκι από που έρχεται;

Έφυγαν οι μέρες του οράματος
ήρθαν οι νύχτες του οράματος

θα λουστώ στο νερό του Θαλή
πριν την αντάμωσή μας

θα καώ στην φωτιά του Ηράκλειτου
πριν τα φιλιά μας

δηλαδή θα γυμνωθώ
να δεις ατόφιους απογόνους

όπως έρχονται

με το σύμπαν για μεμβράνη
στα τύμπανα της αγάπης

είναι ανοιχτές οι παλάμες σου
σαν το σταυρό πριν την ανάσταση

ξεχύνομαι στα τέσσερα σημεία τους
με οδηγό τον πόνο

άφησε το παιδί να βγάλει τα καρφιά
και να τυλίξει το σεντόνι

είμαι έτοιμος

Είδες το δάσος μες το δέντρο
με τα πουλιά και τα ποτάμια του
τον ουρανό και τ' άστρα του

το αγκάλιασες κι' έμεινες εκεί

'έχασε το δρόμο' είπαν

Έκλεισες το σκοτάδι μες στα μάτια σου
κι' ύστερα έκλεισες τα μάτια σου

Γυμνό σώμα
με φόντο αυτή τη λέξη (ΕΜΕΙΣ)
η μόνη που σου ανήκει

μες το γκρίζο
μορφές αγέννητων εραστών
σχεδόν να σ' αγγίζουν

τους νοιώθεις να έρχονται
στην απουσία των πάντων

σκόρπιες παλάμες
από τρελούς ανέμους

να μαζεύεις
μπουκέτα

για τους ερχόμενους

να ψιθυρίζεις τους ανέλπιδους
στον οίκο της αγάπης
ολάνοιχτος στο σύμπαν
όπως το στόμα του Βλαντιμήρ

να καίγεσαι σαν τη γλώσσα του Τσέλαν
και να βουτάς στη δροσιά του ποταμού
νύχτα με ντροπαλά αστέρια

σαν του Μιχελακάκη τα ποτραίτα να κοιτάς
μες το κρανίο του κόσμου
και να λούζεσαι την αρχαία σιωπή
της αρχής και του λόγου
της βυθισμένης Αθήνας

ω ν' αγαπάς ότι δεν αγαπιέται
κι' απ' την αγάπη σου να θανατώνεσαι

ακέραιος νοσταλγός
των πάντων

Τα μάτια σου γεμάτα μάτια
όπως η νύχτα με τ' αστέρια της

ρυθμός είμαι

τα Χ(ε)ίλια ερωτικά

Με τα χείλια της τελευταίας λέξης
Ψελλίζω το κορμί σου

Λυγμό του σύμπαντος

Στις παρυφές των βογγητών
Γλώσσα χωρίς γλώσσα

Σέρνεσαι στο σώμα μου και μετράς το κενό
Ιδρωμένη απ' το αύριο

Που δεν ήρθε

Το είδωλό μου ανεστραμμένο
Στην αμνησία του καινού

Στην όχθη εσύ
Αφουγκράζεσαι την ουτοπία του φωτός
Με τύμπανο το κέλυφος της μέρας που έφυγε

Θυμάμαι το σώμα σου κάτω από τ' άστρα

Τα δάχτυλα μου ανελέητα
Στιγμές του παντός

Τα πάντα ένα βογγητό

Στην παλάμη σου τα δάχτυλα
Μπουκέτο
Οι αιώνες που δεν ήρθαν

Ύψωσα λέξεις
Λάβαρα
Στις πεδιάδες των αμνών

Μες στα συντρίμμια των ασμάτων
Λαμποκοπούσαν καημός

Τώρα

Έτοιμος
Να γράψω τη γραφή
Με του σαλιγκαριού το μελάνι

Αφουγκράζομαι τους προφήτες
Να μελετούν στο κέλυφός τους
Την παγωνιά των καιρών

Ποιός αντέχει;

Είσαι αγκαλιά κι' ανοίγεσαι
Για να χωρέσει ο κόσμος
Όλος

Όπως είναι
Κι' όπως δεν είναι

Τίποτε άλλο πια δεν σου απόμεινε
Από το ν' αγαπάς
Σαν τον ανήμπορο θεό
Που ευλογεί τα πάντα
Ψελλίζοντας 'έλεος'

Η σκουριά της μνήμης
Στις παλάμες σου

Πάλι ψηλάφιζες το πρόσωπό μου

Σε κοιτούσα
Με μάτια βυθισμένα στους έρωτες που αγαπήσαμε

Γυμνή
Στα πόδια σου τα ιμάτια της Ιστορίας
Το μέτωπό σου ταξίδι χωρίς γερανούς

Τριγύρω
Άφωνοι ψίθυροι τα δάχτυλά σου
Ψευδίσματα στο φως του δειλινού

Η ανάσα του άπειρου με νανουρίζει

Στην αφωνία των δαχτύλων
Πάλι και ξανά
Ανατριχίλα το κορμί της νύχτας
Το κορμί σου

Σε αναζητώ μες των αφών το παραλήρημα

Με λέξεις-δάχτυλα
Γράφω στον άνεμο
Τα τιτιβίσματα των εραστών

Μες στο κλουβί του άπονου κόσμου
Μετρούν το λαχάνιασμα του ορίζοντα
Και του ποιήματος το βογγητό

Θ' αλλάξει ο ντουνιάς στις γειτονιές των φτωχών;
Θα μηρυκάσουν τα παιδιά το βλέμμα της αβύσσου;

Βουβός
Να ψελλίσω το στόμα μου
Στο στόμα σου
Αιώνιος ραψωδός του πλήθους

Ματωμένες λέξεις
Τα μάτια σου

Αγναντεύουν τον κόσμο από το τέλος
Των πάντων

Τόση σιωπή

Ποιός θα μιλήσει για τη σιωπή;

Βουβά
Εμφανίζονται τα στίγματα των καιρών
Στις παλάμες μου

Ήρεμη εσύ
Συνεχίζεις
Την προσευχή του οράματος
Στις παρυφές του αίματος και του νερού

Τη στάχτη θα σ' τη φέρω
Μιαν άλλη φορά

Τριγύρω μας αμνοί και λύκοι

Για να δεις
Πρέπει να περπατήσεις
Στο νερό

Κίτρινα φύλλα
Τα πρόσωπα των συντρόφων στην ομίχλη
Και στη σιωπή της συντριβής
Μάρτυρες της μεγάλης μαρτυρίας
Του αύριο

Ας τους δοξάσουμε
Με τα φιλιά μας

Τα στέγνωσαν οι καιροί της αμνησίας
Τυφλών ραψωδών με στεφάνι από δάχτυλα

Εκεί
Που σμίγει το αίμα με το αίμα
Μελετούσες στις παλάμες σου
Τα σύνορα του έρωτα και του θανάτου
Γονατιστή σαν προσευχή

Βεντάλια
Οι παλάμες σου
Κι' ανάμεσα στα δάχτυλα
Παραμιλούσες συντρίμμια Ιστορία

Μιλούσες
Με λέξεις αδέσποτες που μάζευες στους δρόμους
Και τις νανούριζες
Σαν όνειρο
Στα πέταλα της αμνησίας
Στις χαραδρίτσες της αφής

Άγρυπνη
Με την πλάτη
Λάβαρο στο αύριο

Με τη γλώσσα
Αφουγκράζομαι το δέρμα σου ν' ανασαίνει
Υγρό
Τη νύχτα

Ιδρωμένο χαρτί
(δηλαδή όραμα)
Με τις σκιές των βογγητών
Να σεργιανούν στο στόμα μου
Θαλασσοπούλια σε περιγιάλι ξεχασμένο

Μη μ' αφήσεις

Η αμνησία τα σκέπασε όλα
Σαν το σεντόνι το νεκρό

Έλα
Ζωγράφισέ με
Με τις σκιές των δαχτύλων
Να χύνονται στο πρόσωπό μου
Να μεταμορφωθώ σε ρόγχο των καιρών
Ν' αναληφθώ μέσα απ' τις ρωγμές της αδικίας
Στα ύψη
Πολύχρωμο πτηνό
Να με εξατμίζει η ανάσα του σύμπαντος

Θα σου γνέφω από εκεί
Τα μελλούμενα

Τα δάχτυλά σου
Κουδουνάκια
Στο σώμα μου
Ονομάζουν τον έρωτα
Πάλι και πάλι

Μνήμες ψελλίσματα το σώμα μου
Κοπάδι πηγαδάκια

Πάλι δεν πρόφτασα
Τους καιρούς
Που μ' άφησαν
Δέρμα να πλέω μες στη νύχτα

Έμεινε ο ίλιγγος της στιγμής
Και οι σκόρπιες σου γλωσσίτσες
Άφθογγες

Κυκλάμινο της σιωπής
Το σώμα σου

Μετρώ τα πέταλα του καινού
Που γίνεσαι
Όπως με αφουγκράζεσαι
Έρωτα αστείρευτο

Σκόρπια τα ονόματα των συντρόφων
Στα τέσσερα σημεία των καιρών

Σκόνη ο θρήνος του ποιήματος

Γυμνή από δάκρυα
Γυμνή από μύθους
Φόρεσες στεφάνι από παλάμες
Και βγήκες σεργιάνι
Στις κάμαρες του σπιτιού

Τώρα μιλάς δίχως λέξεις
Το ίδιο το μίλημα του θανάτου
Που φουμάρει το αμήν και το έλεος

Καημός σαν τον καπνό
Από καμένο σπίτι

Οι λέξεις μου

Στις χαραδρίτσες του σπαραγμού
Χωρίς χείλια και δάχτυλα
Είμαστε οι τελευταίοι με τις σάλπιγγες

Κατεβάζουμε
Τις κρεμασμένες λέξεις

Τις καρφώνουμε φυλαχτό
Στο μέρος που ήταν η καρδιά
Του κόσμου

Να νιφτεί το παιδί με τον παλμό
Πέρα από τον κουρνιαχτό της αδικίας
Και τους θεούς του μίσους και του αίματος

Κόμισες με την ελαφράδα της αφής
Το δέρμα μου
Στις χαράδρες της μνήμης
Τροχιά
Χωρίς πλανήτη

Μ' έκανες πάλι εραστή
Και δράκο
Φύλακα του φυλαχτού
Και των κρυφών γραμμάτων

Μ' έκανες πάλι κλωστή
Να χωρίζω τον ορίζοντα στα δυο
Κεντώντας αθώους ρυθμούς
Στο απέραντο

Σκόρπια φτερά από πεταλούδες
Τα μάτια σου

Όπως πετούν
Γίνονται ο ρυθμός
Του ανέμου των καιρών
Της αμνησίας και της καμένης σάρκας

Η ελαφράδα τους υμνεί
Την αθωότητα του σύμπαντος
Που έχασε τον δρόμο του

Και τώρα
Στάζει
Ταξίδια ορφανά

Ηρώων

Ψελλίζω το στόμα μου
Στο στόμα σου

Το πρόσωπό σου
Ικετεύει
Την γκρίζα σιωπή των δαχτύλων μου

Όπως γεννιέται

Στο πηγάδι της σιωπής
(δηλαδή στο στόμα μου)

Φτερουγίζει πεταλούδα
Η γλωσσίτσα σου

Ακούω τις στιγμές της
Σαν δάκρυα δροσιάς
Μέσα στην νύχτα

Και τρελαίνομαι

Στις πεδιάδες του αιώνα
Ραϊσμένα καθρεφτάκια
Και τσατσάρες
Ίχνη χαμένων εραστών

                        (Οι στρατιώτες)

Το άπειρο του έρωτα
Βογκούσε
Στην παλάμη σου

Το σκόρπισες για να φυτρώσει
Όλα ζητούσαν μιαν αρχή

Τα ραϊσμένα χείλη μας
Ψελλίζουν
Ονόματα αγέννητων λαών

Στα ρυάκια των συμφώνων
Ο ρόγχος του αύριο
Ακέραιος

Τα φιλιά μας
Έρπουν στις πεδιάδες
Της νυχτωμένης ανάληψης
Των εννοιών

Σαν καπνός
Σαν ομίχλη
Αγκαλιάζουν το σκοτεινό παλμό
Και σβήνουν
Στους ορίζοντες των βογκητών

Η σκέψη μας είναι το άδειο πηγάδι
Γερόντων που αγάπησαν

Τα λόγια σου
Σαλεύουνε κουρτίνες
Στο καινό

Ο ρυθμός τους
Ανάσα
Αγγέλων που δεν πρόδωσαν

Με συλλαβές την ηδονή
Της εξορίας

Μου εξιστορούν το αύριο

Να βυθιστώ
Στο καινό των παρενθέσεων
Του κόσμου
Που είναι οι παλάμες σου
Και να διαβάσω
Τους μυστικούς ψίθυρους
Που είσαι

Ακέραια και ακατέργαστη
Το πρώτο φως
Το πρώτο καλωσόρισμα
Του άγνωστου και του γνωστού

Στη δίνη σου αναδύονται
Βουβά θαυμαστικά
Οι λέξεις

Θύμηση
Τα μάτια σου

Σκόρπια σύμφωνα
Της γλώσσας που δεν ξέχασε
Πως ν' αγαπά

Κοιτούν τον κόσμο
Και μετρούν
Αναλαμπές
Και την θολούρα των ανθρώπων

Στην κίνηση του ρόγχου τους
Χαροπαλεύουνε παιδιά
Αγέννητα

Οι λέξεις που προσεύχονται γιατί δεν υπάρχει θεός
Είναι οι λέξεις μας

Ψηλαφίζουν την ανάσα του κόσμου
Στα κοχύλια του προφήτη
Και καίνε τη δάφνη στο λαρύγγι του ποιητή

Αποζητούν την εξαΰλωση της σιωπής
Η μία στους πόρους της άλλης

Ιδανικοί θρίαμβοι
Απογειώνονται
Αθώα και αθώες

Η νύχτα
Δάγκωνε το σεντόνι
Που τύλιγε τα σώματά μας
Σαν βρέφη του απείρου αγέννητα

Η κίνησή τους ήταν το όνειρο
Ήταν ο στεναγμός
Ρυθμών
Που αναζητούν τον κόσμο

Ήρθα
Γλύπτης του σκοταδιού
Και ποιητής των ανέμων
Με το κεφάλι του χρόνου στο δισάκι των λέξεων
Με τις παλάμες μου καθρέφτη του κόσμου
Απόκοσμο

Κόμισα τη γαλήνη
Ακάλεστος και φοβερός
Σίφουνας
Ακατέργαστων ηδονών
Και τυφλών ψιθύρων

Είμαι κουλός με τύμπανο
Τον έρωτα

Ποιός αντέχει το θρήνο των εννοιών
Στα στενά της κάμαρας
Με τοίχους λάβαρα
Και πύλες της αβύσσου;

Τις ροκανίζει το σκοτάδι τους
Και πέφτουν
Στις αυλές των μοιρών
Άδεια σακιά και κόκκαλα

Στην σιωπή τους
Διαμαρτύρονται οι κόσμοι
Του αύριο
Έρποντας

Έβλεπα χαράδρες
Στις λέξεις που οι άλλοι
Έβλεπαν ραΐσματα

Τα δάχτυλά σου
Ψευδίζουν
Τη σιωπή

Ρυάκια στη μνήμη του κορμιού μου

Η κίνησή τους
Είναι η διάρκεια του απείρου
Που καλπάζει

Η ανάσα σου
Ανάβει και σβήνει
Το νυχτωμένο μου κορμί
(κάρβουνο είναι)

Ήταν αίμα οι λέξεις σου

Τις ράντιζες στο δέρμα μου
Να γεννηθούν ξανά τα όνειρα
Της γλώσσας

Στα συντρίμμια του κόσμου
Ποιητής
Καταπίνω την γλώσσα μου

Βαφτίζομαι στιγμή
Και πέφτω ορίζοντας
Αυλαία και όριο
Του κορμιού σου

Τα δάχτυλά σου
Κλωνάρια μνήμης

Στο κορμί μου

Τα μάτια σου

Ατίθασα άτια στην αμνησία των καιρών
Φέρνουν λεπίδες
Στους γενναίους

Ψηλάφιζες το πρόσωπό μου
Όπως η νύχτα το φεγγάρι

Τα μάτια σου
Ρώγες φωτός
Στα περιβόλια των χειλιών μου

Ανασαίνουν τον κόσμο
Και υμνούν τη στιγμή
Που είμαι
Στην απουσία των πάντων

Είναι η δύναμη
Να συγχωρήσω τη ζωή
Που κρέμεται γύρω
Σάπιο μήλο στο τίποτα

Ελεεινοί καιροί

Το ποίημα
Μνήμη ψιθύρων
Της γλώσσας που πνίγηκε
Στο λαρύγγι των καιρών

Της αδικίας

Στο σκοτεινό μου δέρμα
Ψέλνω το κορμί σου

Με γλώσσα-ωσαννά
Σε ψηλαφίζω

Θολές πνοές
Βυθίζονται στις νύχτες μου
Τα δάχτυλα σου

Μετρούν τα πέταλα
Της ηδονής
Που είμαι

Στο στόμα σου φωλιάζουν
Τα βογγητά του ποιητή

Μοιρολόι
Για λέξεις που χάσαμε
Σε ταξίδια άτοπα κι αλαργινά
Αιώνια νήπια του απείρου
Ατροφικά και κλαψιάρικα

Μη φοβάσαι

Στο λαρύγγι του ποιητή
Κουρνιάζουν σύμφωνα
Ανάποδα σα νυχτερίδες

Αναδύονται
Όταν ο ρόγχος ηρώων
Καλπάζει ξέφρενα
Στα ώτα των λέξεων

Το πνιχτό πέταγμά τους
Τελεία του κόσμου

Σκοτεινά φωνήεντα
Οι αγγελιοφόροι των καιρών

Με τα χίλια στόματα του ρυακιού
Οι παλάμες σου
Κυλούν
Μες στο λυκόφως του κορμιού μου

Ψηλαφούν
Τη στιγμή της ηδονής

Που είμαι

Τα μάτια σου
Η πύρινη σιωπή της Ιστορίας

Είναι η μοίρα εραστών
Στιγμές παράφορης αγάπης

Δακρύζουν πατρίδες-έννοιες
Σαν το καθήκον των απόδημων πουλιών

Διψούν σαν το ταξίδι
Αδιαμαρτύρητα

Να εξατμιστώ
Στη συντέλεια του κόσμου
Τελεία χωρίς τέλος

Να περάσω
Απ' τους πόρους σου
Ηδονή
Χωρίς πυξίδα

Να δω τα μελλούμενα
Στη δύση των αιώνων της στιγμής
Χωρίς τη βοήθεια του θεού

Ακατέργαστο όραμα
Χωρίς πατρίδα

Ήρθες
Με την λαχτάρα του κεραυνού
Να ραΐσεις τ' ατέλειωτα σκοτάδια μου

Ξεπήδησα απ' τις ρωγμές
Ατμός

Αλλόκοτος ψίθυρος
Απόκοσμη φωνή
Αγέννητων νηπίων

Έρωτας ακατέργαστος και χλωμός
Έρωτας πηγάδι
Στο φλοιό της παλάμης σου

Έρωτας
Μοναχικός και γενναίος

Σκόνταψα στο αγγελικό σου πρόσωπο
Κι έμεινα εκεί
Ξεχνώντας το σκοτάδι μου

Σε κοιτώ
Με την θαλπωρή της νύχτας που είμαι

Τα δάχτυλά σου σαλεύουν
Τη σιωπή του κορμιού μου

Ψίθυροι στο ατέλειωτο

Στη κίνηση οσμίζονται
Τον πυρετό του ανίκητου χαμού
Που θα' ρθει

Έχεις στο βλέμμα σου
Την καθημερινή εξορία
Των γενναίων

Μάρτυρας
Ότι ο κόσμος μπορεί ν' αγαπηθεί

Στην καμπή του χρόνου
Συλλαβίζω το κορμί σου
Να γέρνει στο άπειρο
Και να γερνά
Με την αίγλη του έρωτα
Στα πύρινα μάτια

Από τι είσαι ματωμένη;

Στα μάτια σου
Άλλος βρίσκει ποιήματα
Κι άλλος λεπίδες

Όλοι σφάζονται

Υπάρχει πιο αβάσταχτο
Οι νεκροί
Να μη σε νοσταλγούν;

Τους καλείς στο ποίημα
Κι αρνούνται

Ίσως γιατί τους πρόδωσες
Νύχτες που αδύναμος
Έστρεψες τα μάτια σε λάμψεις
Κοντινές και ευδιάκριτες
Ποθώντας τους ρυθμούς
Της αμνησίας

Ποιά είναι η Ιστορία σου;

Άνθρωπε των ωκεανών
Άνθρωπε του έρωτα
Και του αίματος

Ο φίλος λέει
Δεν έχεις καμιά

Κουβαλάς
Την κίνηση της θάλασσας
Μέσα στα στήθια
Και των ανέμων τη ζάλη
Στην καρδιά

Περπατάς τη γη τυφλός
Σκοντάφτοντας στα ίχνη ποιητών
Που νύχτα παραμιλούν
Αλλόκοτες προσδοκίες

Φτιάχνεις άσματα
Για πατρίδες
Αφανίζοντας πατρίδες
Και στους ατμούς του αίματος
Συλλαβίζεις τον άγνωστο θεό

Η μοίρα του ανθρώπου είναι ο άνθρωπος

Σκορπισμένος στα τέσσερα σημεία των καιρών
Μαζεύει κόκκαλα και σκόρπιες συλλαβές
Τιτιβίζοντας το χαμό ανάμεσά τους

Όταν μια νύχτα
Σε χάσω
Ίσως να πιστέψω
Στο θεό

Πώς αλλιώς να εξηγήσω
Τον παλμό σου;

Ρώγες
Που κρέμονται

Τα δάχτυλά σου

Βυζαίνω
Νήπιο
Φαφούτικο και τυφλό

Μες το παράφορο
Παράφορα ποθώ
Να πλημυρίσει η αμνησία
Τις ρωγμές μου

Οι λέξεις
Αράχνες
Κεντούν το ποίημα
Με ιστό
Τη θλίψη
Των λαβάρων

Στο ρυθμό τους
Σπαρταρούν
Παλμοί
Ωκεανών
Που εξατμίστηκαν

Σκόρπιες συλλαβές
Και άδεια στόματα
Στα σταυροδρόμια
Των καιρών

Στο σκοτάδι τους
Ο ποιητής
Αναζητά την Ιστορία

Όχι
Δεν είναι μουσείο λέξεων
Το ποίημα

Στην ανάσα του
Χτίζονται
Τα όπλα εραστών
Του μέλλοντος

Στο βογγητό του
Φωλιάζουν οι βροντές
Των ύμνων

Στον παλμό του
Κυλά το αίμα
Του απείρου

Και στην σιωπή του
Ο θρίαμβος των νεκρών
Που μας δικαίωσαν
Γιατί ποτέ
Δεν ζήτησαν
Ν' αναστηθούνε

Ουρά
Αθώου κομήτη
Η κόμη σου

Διχάζει το σκοτάδι
Του κορμιού μου

Έκανες τον πόνο του ντουνιά
Πόνο σου

Και μου ήρθες

Ποίημα κουφό
Ποίημα άλαλο

Στη θαλπωρή της αίγλης σου
Ρεμβάζω

Μ' έκανες πάλι ορίζοντα
Του πόθου
Και ραψωδό των ρυθμών

Μ' έκανες πάλι επαίτη
Της αμνησίας

Θρυμματίζομαι
Στους ανελέητους καιρούς της αθωότητας
Των δολοφόνων

Στο ποίημα αναζητώ
Την επιείκεια του αύριο

Βάλσαμο ίσως
Των γενναίων

Στο ποίημα ρέει
Η σκουριά
Ξεχασμένου αίματος
Της γλώσσας που αγάπησε
Τον κόσμο

Ο ίδρωτας της γλώσσας
Είναι οι λέξεις
Στο ποίημα

Εκεί ο ποιητής θυμάται
Ότι κουβαλά τον κόσμο

Ω ποίημα

Ήρθες
Σκιά της γλώσσας
Και λυγμός της στιγμής

Ήρθες
Κατσούφικο σούρουπο
Του κόσμου

Σου πρόσφερα
Λέξεις της σιωπής
Λέξεις της νύχτας

Σου πρόσφερα
Χρησμούς του οράματος
Θολούς και αδέσποτους

Αδέσποτες λέξεις
Το πότε και το ποτέ

Στους ποιητές
Η γλώσσα
Ερωτεύεται τον κόσμο

Από υπόγειες
Σήραγγες
Αθόρυβος θα έρθω
Της νύχτας
Που σαν θρίαμβος
Σε σκέπασε

Θα σε αποκαλύψω
Μυστικό του απείρου
Σκοτεινό
Έρωτα αμετανόητο
Αλήθεια των αρχαίων

Θα σε δωρίσω
Στους τυφλούς
Για να πιστέψουν
Ότι υπάρχει ομορφιά
Ότι υπάρχει ελπίδα

Θα σε δωρίσω
Δώρο ατόφιο
Σαν φως κρυμμένου ακρογιαλιού

Αζήτητη
Σαν προσταγή
Θεάς

Έπεφταν
Κόκκαλα από φως
Οι λέξεις

Το ποίημα
Δισάκι
Των ήχων τους

Στη σύναξη των λέξεων

Το ποίημα
Υπόσχεση του αύριο
Και αναβολή του σήμερα

Το νόημα του κόσμου
Ατόφιο

ΕΡΩΤΑΣ
ΕΠΑΝΑΣΤΑΣΗ
ΑΛΗΘΕΙΑ
ΔΙΚΑΙΟ
ΑΛΛΗΛΕΓΓΥΗ
ΙΣΟΤΗΤΑ

Το ποίημα
Επιμονή στις κούφιες λέξεις
Χωρίς λόγο πλέον
Χωρίς νόημα

Συνήθειο

Άφωνες λέξεις
Τσόφλια και κάρβουνα καμένα

Σας αγάπησα

Μιλώ για σας
Στους ύπνους της υπόσχεσης
Στο φίλο που θυμάται

Μιλώ για σας
Με άλλες λέξεις
Σε άλλα στόματα
Καθημερινά κι αραχνιασμένα

Μιλώ
Για την υπόσχεση της γλώσσας
Σε μένα τον μουγγό
Φτύνοντας σάλια και αφρούς
Στην Ιστορία

Μιλώ

Τα σκοτεινά σου δάχτυλα
Ηδονές
Χωρίς πατρίδα

Κοιμάσαι ύπνους
Που δεν ελπίζουν πια
Που δεν θυμούνται
Την υπόσχεση του οράματος
Την αθωότητα της νύχτας

Σαν θάνατος
Ιστός απόηχης οργής
Σε πλησιάζω
Με δεκανίκια χέρια
Από κορμί ανέμων
Που εσώπασαν
Από εργαστήρι γλύπτη
Προδομένου

Απόηχος παλμός
Αναστενάζω
Σαν συλλαβή
Μιας λέξης που ξεχάστηκε
Σαν ποίημα βουλιαγμένο
Σε κούφια στήθη
Ρυθμών
Που δεν προσκύνησαν

Σε πλησιάζω
Ατίθαση σταγόνα
Σε ξεχασιάρη ωκεανό
Ομολογώντας
Ότι έχασα

Έριξα
Την παλάμη μου
Σεντόνι
Στο κορμί σου

Με ηδονές
Σε σκέπασα
Μη φοβηθείς
Την αμνησία των καιρών
Μη μου χαθείς
Απ' το κακό του χρόνου

Στις συνουσίες μας
Τα δάχτυλα
Λαιμοί
Ερωτευμένων κύκνων
Του απείρου

Πάντα κερδίζει η νύχτα
Του οράματος

Μάταιο
Μην αντιστέκεσαι
Δεν θα ξεχάσεις

Με τι λέξεις
Να μιλήσουμε στη γλώσσα;

Είμαι
Η αγάπη της θλίψης του ντουνιά
Είσαι
Το μερίδιο αυτών που δεν προσκύνησαν

Είμαι
Ατόφιο βαρίδι στους ωκεανούς των εννοιών
Είσαι
Απολογία στη σύναξη του αύριο

Είμαστε
Άφωνοι σαν το χαμένο στίχο

Σε κοιτώ
Ως ύμνος διάχυτος
Ως κλάμα αθώου

Είσαι μέτωπο στο άπειρο
Το μετατόπισε η Ιστορία
Ελαφριά κλίση στην ύπαρξη

Σε ζητώ
Ως κάθετη ορμή
Παραπονιάρη καταρράκτη

Είσαι ποτάμι
Αλλόκοτης ροής

Σε αναμένω
Με την υπομονή σταθμού

Είσαι τρένο
Απόκοσμου ρόγχου

Στο σχεδόν και στο περίπου
Λειψών καιρών
Κοιτώ το πρόσωπό σου
Ακέραιο
Όπως το δίδαξε ο άγνωστος ζωγράφος

Στη διαπασών
Τραυλίζω ωσαννά

Στο στόμα μου
Οι λέξεις νυχτερίδες

Είμαι λοιπόν η μοναξιά του σύμπαντος
Και η απουσία του θεού

Είμαι το πρώτο ζήτω
Και το ύστερο ζητώ
Μη και αμήν

Είμαι ο τελευταίος ποιητής
Και ο έσχατος εραστής

Ήρθα πριν φτάσω

Με το σκοτάδι των λέξεων
Αρχαίος ποιητής
Χτυπώ την πόρτα σου

Με καλοδέχεσαι
Ως Ιστορία
Ως μοναχή σταγόνα
Που αναπαύεται σοφός ωκεανός

Δίδαξέ με
Τον έρωτα των εραστών της στιγμής
Των πάντων

Δίδαξέ με
Πως να φροντίζω το δίκαιο των νεκρών
Που με φροντίζουν
Μην και ξεχάσω το μη
Του σώματος των γενναίων

Δίδαξέ με
Τη διαύγεια της παλάμης
Όπως ανοίγει

(Ωδή στη γλώσσα)

Οι λέξεις στο ποίημα
Πληγές της Ιστορίας

Τις γλύφει
Η γλώσσα
Ανέλπιδα

Ως Έρωτας που είσαι
Ως τέλεια
Να σε καρφώσω τελεία
Στον άδικο ντουνιά

Να σε πετώ
Χαρταετό με το λυχνάρι
Σε ουρανό που δεν εγνώρισε αστέρια
Σε ναυαγούς που δεν εγνώρισαν στεριά

Να σε δωρίσω
Στους επαίτες του καημού
Στους εξόριστους της ήττας
Στους ραψωδούς αγγέλων που δεν επροσκύνησαν θεό
Στους μάρτυρες που δεν εμαρτύρησαν το φίλο

Να σε φυλάξω
Από την Ιστορία
Λάβαρο στο σεντούκι του σοφού
Σημάδι στην παλάμη αγίου

Να σε μοιράσω ακέραιη
Στα πάντα

Μυραίνεις το σύμπαν
Με το μύρο
Της μνήμης του ποιήματος

Στο τίποτα
Είσαι τα πάντα

Έκανες τα δάχτυλά μου
Χορδές
Της ηδονής
Για να δαμάσεις

Το τίποτα της νύχτας
Το τίποτα της ζωής

Με κάλεσες
Με μάτια
Που βογκούσαν χλωμό φως
Που έφτυναν βαθύ σκοτάδι

Τα δάχτυλά σου
Έχουν την διαύγεια της προσευχής
Όπως μετρούν τις στιγμές της ηδονής
Που είμαι

Σε λιμανάκι από πλανήτες
Απόψε ταξιδεύω
Μετρώ τη μοναξιά του σύμπαντος
Και ψιθυρίζω τ' όνομά σου
Απ' την αντίθετη μεριά

Α λ ο ύ τ   Α λ ο ύ τ

Για να νομίζει ο Θεός
Ότι προσεύχομαι σε ξένη γλώσσα

Η ανάσα σου
Έχει τον ήχο του πετάγματος
Της πεταλούδας
Από στιγμή σε στιγμή

Ιδρώνει το αιώνιο
Στο δέρμα μας
Όπως ανάβει και σβήνει
Γαλαξίας από μνήμες και όραμα

Τα σώματα
Ιδανικός κόμπος στο σκοτάδι

Τα φιλιά μας έρπουν
Από το στόμα σου στο στόμα μου

Είμαστε
Το μεγάλο μυστικό
Της Ιστορίας

Οι γλώσσες μας
Ιδρώνουν
Η μία στο σκοτάδι της άλλης
Σαλιγκάρια του έρωτα

Στην αφή τους
Ρεμβάζουμε
Μνήμες νηπίων

Στην κόμη της Ιστορίας
(στην αδικία δηλαδή)
Κατρακυλούν τα ποιήματα
Μπούκλες του πόνου

Τα χτενίζεις με παλάμες και δάχτυλα
Γυμνή στο φως
Ολόγυμνη στο σκότος

Τριγύρω
Οι λέξεις κόκκαλα

Δεν μπορεί
Θα ρθούνε τα παιδιά μας
Αφού τα ερωτευτήκαμε
Αγέννητα

Θα χει στερέψει
Το μαύρο γάλα της Ιστορίας
Κι οι ποιητές
Θα φουμάρουν τον αβασίλευτο ήλιο

Θα έρθουν
Με επιείκεια
Φέρνοντας όσα ξεχάσαμε
Στη βιασύνη της στιγμής της οπτασίας
Που ήσαν

Ξεδίπλωσες το κορμί σου
Λάβαρο του οράματος
Κι έπεσες καταρράκτης
Στις παλάμες

Νίφτηκα

Έδωσα στους ποιητές να πιούν
Και στους σοφούς να ξεδιψάσουν

Έπαιξα την φλογέρα
Και διάβασα μια περικοπή

Στο κάλεσμά σου
Ήρθα με κραυγές
Σα νυχτοπούλι

Στο κάλεσμά σου
Σπεύδω
Κλειδί και κλειδούχος
Σπεύδω
Με ροές δοκιμασμένες στον άνεμο
Με χλωμούς φθόγγους σκόρπιους στη σιγή

Σεντούκι είναι με μυστικά
Αιώνων
Το κορμί σου

Σε αρχαίο ρεμβασμό για το σύμπαν
(δηλαδή σ' ελληνικό ναό)
Αναζήτησα τη γαλήνη της πέτρας

Έβγαλα το πουκάμισο της Ιστορίας
Και σαν φίδι λιάστηκα
Στην άσπρη επιφάνεια του αδιάφορου

Πάνω απ' το σώμα μου
Οι κολόνες
Κάθετοι ψίθυροι της συμφοράς
Λίμναζαν μες τη μνήμη
Και στο φως

Ανάμεσά τους
Η πορεία από το καινό στο κενό
Στιγμή και ρόγχος

Ολόγυρα
Περίεργοι επισκέπτες
Άσπρα περιστέρια με μαύρα γυαλιά
Από τα πέρατα του κόσμου
Βολτάριζαν στο θρίαμβο του χρόνου
Νωχελικά

Κύλησα σκοτάδι του ποιήματος
Σαν την κουρτίνα του άγνωστου ζωγράφου
Ν' αρχίσει η παράσταση των εννοιών
Που πάντα αρχίζει
Με την ακρίβεια της στιγμής του θανάτου
Που είμαι

Η σκέψη μου
Ήχος του άδειου κοχυλιού
Ενός κόσμου αποστάτη

Κρότος κρανίων που αγάπησαν

Στη γεωμετρία της αναζήτησα
Το δίκαιο των συντρόφων

Ήρθα
Συλλέκτης κοκκάλων
(που άλλοι τα λένε έννοιες)
Και παλαιοπώλης δαχτύλων
(που άλλοι τα λένε ποιήματα)

Ήρθες
Ιμάτιο των καιρών
Της αμνησίας

Είσαι
Η πρώτη συλλαβή
Του αύριο
Που δεν ήρθε

Το κορμί σου
Ορίζοντας της αφής μου
Και νύχτα του ονείρου μου
Πλέει στις ρυτίδες της σιωπής

Στο γέρασμα του χρόνου
Γέρνει ακέραιο προς τα Εκεί
Αφανισμένο απ' την προαίσθηση

Τυλιγμένο
Το διάφανο σκοτάδι
Του οράματος
Με κόμισαν τα ποιήματα
Για τη δεύτερη ταφή

Οι αιώνες του μέλλοντος
Θα μάνα
Στήσουν

Οι λέξεις στο ποίημα
Κηλίδες
Παλιού αίματος

Κύλησα στην άβυσσό τους
Σκοτάδι της απόχρωσης
Νύχτα της σκιάς

Έγινα ύμνος
Κάθετου θανάτου
Θετή ορμή που ορφάνεψε

Θετή ορμή
Ανάμεσα σε τιτιβίσματα
Ενός κυρτωμένου πανικού
Πού βόλταρε σε αλλότριες γειτονιές
Νηπίων

Με την αμνησία του λαβάρου
(δηλαδή την παλάμη μου)
Σε τύλιξα γλυπτό
Μη και πουντιάσεις
Απ' την πνοή της Ιστορίας

Σε μεταμόρφωσα
Σε ατίθαση χαίτη βογγητών
Σε τέρας τρομερό του μύθου
Σε ίχνος αθώας ηδονής
Που παραστράτησε

Σε μεταμόρφωσα
Με δάχτυλα-διαβήτη
Σε ορίζοντα ονειροπαρμένου γεωμέτρη
Σε αφή οραμάτων του νερού

Κοιτούσες
Με την αξιοπρέπεια των ερειπίων

Είμαστε ποίημα ερείπιο

Μας γέλασε ο χρόνος
Το μόνο στήριγμα των εραστών
Της Ιστορίας

Μας γέρασε
Και είναι τώρα δεκανίκι
Σε περιπάτους μοναξιάς
Σε πάρκα άνοστα
Με παπαγάλους φωνακλάδες
Και ξένους νοικοκύρηδες
Της αμνησίας

Στάζει η γλώσσα
Τους ψιθύρους
Των αφών μας
Καραβάκια
Σε λιμάνι απόκρυφο

Στην αγκαλιά της γλώσσας
Ποίημα
Νανουρίζω λέξεις
Να μάθουν να μιλούν ανθρώπους

Πλέκω λέξεις
Με τα ίχνη σου
Λέπια
Στο κορμί μου

Σιωπή σαν ψάρι
Κολυμπώ
Σε αιμάτινους καημούς
Σε δειλινά τεμαχισμένα
Από παράπονα νηπίων
Που ξόδεψαν το κλάμα τους
Σε αγκαλιές κουφών

Με προσδοκίες
Υπόγειων ρευμάτων
Σε ζητώ
Μνήμη τρελή
Από τη θύμηση

Μια γλώσσα-εξορία
Είμαι

Το ποίημα ξορκίζει τη γλώσσα
Απ' τους προδότες της θάλασσας
Και τους βρικόλακες των εραστών

Κοιμήσου ήσυχη
Στο κουρνιαχτό του κόσμου
Στέκομε
Ακοίμητος φρουρός
Σαν άγαλμα
Από λέξεις

Πού ν' ακουμπήσεις
Τα κομμένα δάχτυλα
Και τις σπασμένες λέξεις;
Πού τις αφές της μνήμης
Και το κλαψιάρικο μωρό
(δηλαδή το αύριο)
Πού το πού;

Ως αίσθηση προαίσθησης
Του τέλους
Ας επιμείνουμε
Γενναίοι προσκυνητές
Των ερειπίων

Του οράματος

Ακέραιοι
Ως θνητοί θεοί της ομορφιάς
Ως τέκνα οργής
Ως νήπιο άσμα
Ως ποιητές ατίθασων ανέμων
Ποιμένες άκληροι
Του αίματος
Που ρέει

Με στήθια
Μετερίζι του καημού
Με φίλους
Μόνο λέξεις προδομένες
Με ιμάτια λέπια του έρωτα
Που δεν εκόπασε
Θάλασσα που δεν εθόλωσε
Από θολά ποτάμια

Ατόφιες παλάμες
Μάτια ικετών
Της Ιστορίας
Αιώνιος αντίλαλος
Των μυστικών ψιθύρων

Αντίλαλος
Νωχελικός αιώνων

Γύρισε πλευρό
Η παλάμη σου
Για ν' ακουμπήσω
Τα κομμένα δάχτυλα

Να τα φροντίσεις
Σαν αφές
Με την αφή σου
Σαν πουλιά ξενιτεμένα
Με το βλέμμα σου

Σαν παιδιά νανούρισέ τα
Που γεννήθηκαν νωρίς
Με την σιωπή σου να τα λούσεις
Όπως το δειλινό
Κουλά αγάλματα
Σε δρόμους που τυφλώθηκαν

Όταν γυρίσω ένα πρωί
Θα φτιάξεις τον καφέ
Ν' αναπολήσουμε ξανά
Το αύριο

Με πλημμύρησε ξανά
Η ηδονή της αμνησίας

Σε είδα
Έξω στον κήπο
Δίπλα στην άνοιξη με τα χαμόγελα

Αγναντεύω τον κόσμο
Με μάτια κρανίου

Αν θα μπορούσα
Θ' άρχιζα ξανά από εσένα

Στα μάτια σου
Βάρυνε η νύχτα του κόσμου
Απ' το σκοτάδι του ντουνιά

Έπεσαν τα βλέφαρα
Αυλαία
Κι έσταξε ο έρωτας
Τον ρόγχο της αγάπης

Στους πόρους μας
Η λύπη αιώνων
Μελάνι ανεξίτηλο
Χωρίς γραφή

Σαν ξεραμένο αίμα
Η σιωπή σου πάλι
Σιωπή θανάτου

Τι να πεις στο παιδί
Τώρα που ρωτάει;

Όσα αγαπήσαμε
Γίνανε μάτια
Και μας κοιτούν απόκοσμα

Με παλάμες
Βεντάλιες της νύχτας
Ξόρκιζες το σκοτάδι του κορμιού μου

Τα δάχτυλα
Ανάβλυζαν
Ρυάκι από τα τάρταρα

Είσαι τα φτερά τ' αγγέλου
Κι' είμαι ο άγγελος δίχως φτερά
Στην αγκαλιά μου είσαι ο ίλιγγος του ύψους

Γυμνός σαν έκπληξη
Σε κράζω

Τώρα που έπεσε η νύχτα
Έδεσα το ποίημα κόμπο
Στο δάχτυλο της Ιστορίας
Να μην ξεχάσουμε το αύριο
Και τα εκκολαπτόμενα παιδιά

Στους ιστούς της μνήμης του
Βολτάρουμε
Αθόρυβες αράχνες

Ρουφάμε
Άτυχες λέξεις
Που σπαράζουν

Τις παραστράτησε ο Έρωτας
Μουγγών

Άχρηστες μνήμες
Άχρηστος πόνος
Και το ποίημα
Σπασμένη πυξίδα του έρωτα

Αύριο τα παιδιά μας
Θα' ναι λέξεις
Στην γλώσσα αναστημένων
Του καινού

Το ποίημα
Μιλά στις λέξεις
Με τη γλώσσα

Το ποίημα
Είναι ο εραστής της μνήμης

Ψιθυρίζει τις λέξεις
Σε ώτα μαρτύρων
Που αφουγκράζονται
Το άμετρο του δικαίου

Φωλιάζεις
Στην αγκαλιά μου
Τρεμούλα
Πνοής

Πάλι περπάτησες τους καημούς
Του ανθρώπου

Πάλι ονειρεύτηκες
Τους οδοιπόρους της μοναξιάς
Τους άπειρους της αδικίας

Πάλι ψηλάφησες τις χαράδρες της παλάμης
Και τα κατακάθια του καφέ

Πάλι ερωτεύτηκες τον θάνατο
Της γνώσης

Ατόφιοι από θάνατο
Οι ποιητές
Τι να φοβηθούν στον κόσμο;

Το είναι τους
Η απλότητα του έρωτα
Που επιμένει

Οδεύεις
Προς τη θάλασσα ονείρου
Με τη σιγουριά του ποταμού

Στην δύνη σου
Ρυάκια οι έρωτές μου

Το σώμα σου
Η αίσθηση
Υγρού ορίζοντα
Και πλημυρίζει το κορμί μου

Πλάθομαι ξανά
Ομοίωμά σου
Αντίγραφο πλατωνικό
Ατίθασης μορφής

Ξεχύνομαι ατμός
Από την έκπληξη
Ταξίδι άστοχο
Σύννεφο μπερδεμένο

Σχοινοβατώ
Ως προσευχή των άκρων
Ως ταραχή του τίποτα
Ως ως

Μες τη σιωπή της
Ανοίγει η παλάμη σου
Βεντάλια ηδονής

Στην κίνηση
Σηκώνει γαλαξία
Ανατριχίλες
Κοπάδι όραμα

Το σώμα μου
Η γέννηση του σύμπαντος

Ξόδεψαν το φως
Τα μάτια μας
Σε φίλους λιποτάκτες

Του οράματος

Ας μαζέψουμε τώρα
Τα ματόκλαδα
Συλλέκτες ερειπίων

Με μνήμες δηλαδή
Ας ξανασμίξουμε τον κόσμο
Καθρέφτη από ατίθασα γυαλιά

Της Ιστορίας

Στο μάτι του
Φέτες το πρόσωπό μας

Στο ποίημα
Οι λέξεις
Συνωμότες του σύμπαντος

Αμετανόητες εκπλήξεις
Του καημού

Άφθαρτος πόθος
Του τίποτα

Ατόφιο καινό
Του κενού

Νύχτα
Της λάμψης

(παραμιλώ
σαν ρυάκι)

Μες τη νύχτα του κόσμου
Το σκοτάδι των ανθρώπων
Νυχτοπούλι που πλέει
Στην κραυγή του

Με λυχνάρι το ποίημα
Σε ψάχνω

Τα μάτια σου
Ψιθύριζαν τα μάτια μου
Όπως ο γαλαξίας
Τις νύχτες

Πάλι ήρθε η θλίψη της γλώσσας
Η θλίψη του ντουνιά

Αναβλύζει
Βογγητό στην άβυσσο

Τι να της πεις
Και πως να της μιλήσεις;

Σε στέλνει ποίημα
Να μαζέψεις

Λέξεις

Σκόρπια δάχτυλα

Τα φέρνεις
Παλάμη
Σαν πανέρι

Τι ψιθυρίζει ο Πλάτωνας
Πίσω απ' τους θάμνους
Κοιτώντας τις παλάμες του
Μήπως τρελάθηκε;

Γονατιστός σαν προσευχή
Μαζεύω με τα χείλια
Συλλαβές

Σιδερένια αγκάθια
Στους αγρούς της Ιστορίας

Το κορμί σου
Καμπάνα
Και το χέρι μου
Γλωσσάρι αχόρταγο

Στη σιωπή
Των τοίχων
Πλέουμε
Α
ηχοι

Με σάπιες λέξεις
Τύλιξα
Παλιούς ύπνους
Καημούς
Που με βαρέθηκαν

Σου ήρθα
Ολό
μισος

Φοβάμαι

Τα μάτια σου
Λακκούβες του καημού

Της εξορίας

Είμαι ένας αδέξιος
Καημός

Μια τρικυμία
Που επνίγηκε

Μια εποχή που εξατμίστηκε
Σε χνώτα ερωτευμένων

Στόμα που φτύνει στίχους
Στο κενό

Γλώσσα με λέξεις
Κόμπους σκουριασμένους

Πόνος που ξέχασε
Γιατί πονά

Κρότος σιωπής
Παράπονο νηπίου
Που εγέρασε

Ένα τοπίο
Δίχως μάτια να το δουν

Τραγούδι που βυθίστηκε
Στο ρόγχο της φωνής

Θάνατος
Άκλαυτος
Όραμα
Νύχτας

Μια εξορία
Εξόριστη

Ένα ράσο
Ξεχασμένο

Μια μνήμη ηδονή
Κατάντησα

Στ' άδειασμα του θανάτου
Το σεντόνι του νεκρού
Λαμποκοπούσε
Ατόφια μνήμη
Ενός χαμένου ιδανικού

Ήταν το ύστερο αντίο
Αμετανόητου εραστή
Λαβάρων

Σάπιο το φως
Στα μάτια των ανθρώπων

Σε
περιμένω

α   ν

μ   ά

ι   κ

λ   ι

Θλίψη ήσουν

    α   π   έ   ρ   α   ν   τ   η

κ

ά

θ

ε

τ

ο

ς

Νοσταλγός
Των πάντων

Στην κίνησή σου
Στα δάκρυά σου

Παίρνει μορφή
Ο θάνατός

Μου

Είσαι λοιπόν απέραντη

Μια χάρη
Που όλο χαρί
ζει

Σ

τ

ύ

λ

ο

ι

Θλίψης
Τα δάχτυλά σου

Κεντούν το φως
Όπως μου ιστορείς
Το αύριο

Τα χείλια σου
Χίλια ζήτω
Κι ένα ζητώ

Στη δυσοσμία
Των λέξεων
Λιμνάζει
Ο άδειος άνεμος της Ιστορίας

Η ανάσα μας

Όταν σμίξαν οι παλάμες
Ο παγωμένος ήχος
Της μνήμης
Ράισε

Ήρθε η στιγμή
Να κουβεντιάσουμε
Την Ιστορία

Μη φοβάσαι

Από
Ηχος
Του αύριο
Είσαι

Λέξη
Του καινού

Στο ναό
Με τις παλάμες
Εναπόθεσες το κέλυφός σου

Με άμφια
Το ατσάλινο σούρουπο
Σε καλωσόρισα

Το πρόσωπό σου
Ίχνη
Από παλάμες
Που σ' αγάπησαν

Περίπατος ήσαν
Και τελείωσε

Τις συναντάς καμιά φορά
Τα πρωινά
Όταν νίβεσαι

Από τη μνήμη
Αναβλύζουν μνήμες

Στο γιαλό
Τραυλίζει η παλάμη μου
Βότσαλα

Γλάροι
Ζωγραφίζουν τον ορίζοντα

Τα κουρασμένα μας κορμιά
Εξατμίζονται στο φως

Στην πτήση τους ξεχνούν
Ότι υπάρχουν

Οι μέρες μας
Λάμπουν
Στο σάπιο φως
Της Ιστορίας

Τις μελετάς
Φύλλα σιωπής

Τίποτα

Τραυλίζω
Στο στόμα μου
Τα δάχτυλά σου

Το πρόσωπό σου
Τρικυμία
Και βυθίζομαι

Σε φρέατα λέξεων
Βαφτίζω τα παιδιά μας
Χωρίς όνομα

Έτσι
Ακέραιη
Σε συναντώ
Γλώσσα γυμνή

Κατρακυλάς
Γκρίζα κραυγή
Ως χαίτη του καημού

Σε ποιήματα θανάτου
Αναπαύεσαι

Με χιόνια αιώνων
Χτίζεις λευκές σιωπές

Με την υπομονή
Βουνών
Δεν περιμένεις

Το στόμα σου
Στο στόμα μου

Τραυλίζω
Συλλαβές σου
Και ξεχνώ τον κόσμο

Νήπιο
Πλέω
Στο σταυροδρόμι των
Κορμιών μας

Το πρόσωπό σου

Αυτά που έφυγαν
Κι εκείνα
Που δεν ήρθαν

Λέξεις
Μαύρα φτερά
Μας πήρανε

Στο πέταγμά τους
Σελίδες άγραφες
Πέτρες σκοτεινές
Ψέλλισμα Ιστορίας
Σκόρπια δάχτυλα

(πάλι τα ίδια λέω)

Ω ποίημα
Θολό
Από τη μνήμη
Ποίημα
Της στιγμής
Που δεν έγινε ο κόσμος

Ρέεις στα ραγίσματα
Της φρίκης
Του ονείρου
Όραμα
Με αφουγκράζεσαι
Λυγμό
Παλάμη-στάλα

Στα έγκατα της αδικίας
Έγινες μάρτυρας
Μαρτύρων

Ω ποίημα
Τώρα λικνίζεις
Ρυθμούς
Άμετρους
Και τρομερούς

Μιλάς χείλια
Που τραυλίζουν
Ξεχασμένο αίμα
Τεντώνεις ήχους
Πάνω απ' την άβυσσο

Ρεμβάζεις
Στους βυθούς
Ερείπιο συλλαβών

Ποίημα
Με λέξεις
Μπούκλες
Ψέματα-αιώνες
Να κυλούν
Στο αδιάφορο

Στη σιωπή του έρωτα
Κραυγή με κράζεις

Ω ποίημα
Κουρασμένο
Και λιγόψυχο

Λέξεις
Ερείπια
Της Ιστορίας

Αναζητώ το ποίημα
Σε συντρίμμια
Συλλαβών
Σε γράμματα
Των ήχων

Σε σ
ένα
Που αγαπώ πα
ρά
φορα
Στο φίλο
Που μετέωρος
Διαβάζει τους ανέμους

Σ' άσπρες σελίδες
Πανιά
Σε καραβάκι

Λεπρών που τους εξόρισαν
Φαντάσματα
Στο σπίτι των νεκρών
Που είναι η πνοή μου

Σε ρωγμές σιωπής
Σε σκόρπια λάβαρα
Στο τίποτα
Στο Είναι

Μια συλλογή
Από συλλαβές
Κατάντησα

Στόμα-συλλέκτης

Είμαι
Όλος
Στη σιωπή
Του στόματος
Και είσαι
Το στόμα
Της σιωπής

Στα άδυτα
Σου
Στέκομαι
Ναυ
άγιο

Είμαι
Ένα ενυδρείο
Της σιωπής

Ψαράκια
Οι λέξεις
Για την περίεργη
Ιστορία

Για να ταξιδέψω
Σε φαντάζομε

Μοιράζουμε τον κόσμο
Στους αδικημένους
Και το ποίημα
Στους κουφούς

Μοιράζουμε δάκρυα
Στους άκλαυτους
Και λέξεις
Στους μουγγούς

Μοιράζουμε μαχαίρια
Σε αγγέλους
Όραμα σε τυφλούς

Μοιρα
Ζουμε

Είμαι ο έσχατος των ποιητών
Της νύχτας

Μιλώ
Με το σκοτάδι
Αφρό
Στο στόμα

Εδώ κι εκεί
Λέξεις
Βυθισμένες
(Αρχαίοι ναοί από το χτες
Κομμένα δάχτυλα που έδειχναν
Το αύριο)

Δε λέω και τίποτα
Για να ξαφνιάσω τον ντουνιά

Είμαι η σιωπή
Στο μάτι του κύκλωπα
Που (μου) έφαγε
Το νοσταλγό Οδυσσέα

Οι μνηστήρες νίκησαν
Τον Όμηρο

Το Μερίδιο των Νεκρών

Είμαστε το μερίδιο των νεκρών
εγώ κι εσύ

μονοπάτι

νωπά ίχνη
ο ένας του άλλου

στην άβυσσο του εσύ μου
εγώ σου

Το στόμα μου
στο δικό σου

γλώσσες
τα λόγια

αθώα
αρχή
ζουμε

ξανά

Μη-λώ
λέξεις αιώνες

εμείς
καινο-κενό

α*νάμεσα*
στο ζήτω
και το ζητώ

σπέρνεις
τα δάχτυλά μου
μικροί εραστές
του ορ-άματος

η κίνησή σου
ο θρήνος του καινού

στο πέταγμά τους
μετρούν
τ' αδιάφορο

αγκάλιασα
το κορμί σου
κερί τη φλόγα

δύω δύο

θύμηση
και-νού

στα
γόνα
τίζω

η παλάμη μου
πέτρινος άνεμος
στο πρόσωπό σου

δροσίζεσαι
και άκου-μπάς

ταξίδι

Παρά
φορα
φοράς

τα δάχτυλά μου
λέπια
από άλλες θάλασσες

είσαι ιστορία
α-διάβα-στη

ως αύριο

η ματιά σου
πλέει στο καινό

κιβωτός
με έννοιες-έννοιες

να χτίσουμε
τον κόσμο

διάφανοι

Τα πρόσωπά μας
(χν)ώτα Ιστορίας

ραγισμένο όραμα
εσύ
ραγισμένη σκέψη
εγώ

σμίγουμε
χαραμάδες

να περάσουμε
νήπια λάβαρα

και ζήτω

Ως λέξη
καλωσόρισες
τη γλώσσα

τη σιωπή της
στα χείλη μου

ε(γ)συ
ε(σ)γω

ε
το πρώτο βογγητό
κι οι δυο

Κοιτώ στα μάτια σου
τα μάτια

του Χαμού

την κιβωτό
με τα κομμένα δάχτυλα

ποιός
και πού;

πότε;

αν δεν καλέσω τους νεκρούς
η γλώσσα
ράσο
στο κορμί σου

αν τους καλέσω
το σώμα σου
γυμνό
παραμιλά
την Ιστορία

Το άδικο
γραμμή του ορίζοντα

αιμάτινα πλέουμε

το δέρμα
του οράματος

τώρα σκεπάζει ήρωες

παντού εχθροί
σαν γαλαξίας

Οι λέξεις μου
στάχτη
στο ποίημα

εσύ
ο καπνός
της Ιστορίας

σε ζήτω διάφανη
σαν πόρτα

για να περνώ
στο άπειρο
του ορ-άματος

Τα πρόσωπά μας
η ρωγμή
στο ποίημα

αναβλύζουν
λέξεις

χνώτα νεκρών

τίποτα δικό μας

Ως θάνατος
των πάντων

γκρίζα πλέουμε

μπροστά μας
το καινό
πίσω μας
το κενό

ανάμεσα στο 'α'
και στο 'γνωστό'
η Ιστορία

α α α α!
ω ω ω ω!

αω

www.ingramcontent.com/pod-product-compliance
Lightning Source LLC
Chambersburg PA
CBHW030251010526
44107CB00053B/1658